中外教育名著导读书系

《大学》《中庸》《学记》
的教育思想

孔翠薇 郝维仁 著

吉林文史出版社有限责任公司

图书在版编目（CIP）数据

《大学》《中庸》《学记》的教育思想 / 孔翠薇，
郝维仁著. -- 长春：吉林文史出版社，2013.11（2025.9重印）
（中外教育名著导读书系 / 王凌皓主编）
ISBN 978-7-5472-1780-1

Ⅰ. ①大… Ⅱ. ①孔… ②郝… Ⅲ. ①《大学》–教
育思想②《中庸》–教育思想③《学记》–教育思想
Ⅳ. ①G40-092.2

中国版本图书馆CIP数据核字(2013)第267891号

《大学》《中庸》《学记》的教育思想

DAXUEZHONGYONGXUEJIDEJIAOYUSIXIANG

著者/孔翠薇 郝维仁

责任编辑/高冰若

封面设计/李岩冰 董晓丽

印装/唐山富达印务有限公司

开本/720mm×1000mm 1/16

字数/140千字

印张/9

版次/2014年3月第1版 2025年9月第7次印刷

出版发行/吉林文史出版社

地址/长春市福祉大路5788号

书号/ISBN 978-7-5472-1780-1

定价/49.80元

contents

导 言

《大学》、《中庸》、《学记》分别是《礼记》(《小戴礼记》)的第 42、31、18 篇,之所以没有依照三篇文章在《礼记》中的顺序排序是遵从古人的习惯,亦即从古代经学家根据其在经学中的重要性来论及。三篇文章都是《礼记》中论及教育的重要篇章,若是从教育的视角来定位三篇文章的排序,具体样式可能是仁者见仁、智者见智,不过,《学记》排在前面应是没有异议的。

《礼记》是"礼之记",是战国至秦汉年间儒家学者论述先秦礼制的文献资料集,是一部儒家思想的资料汇编。《礼记》的作者不止一人,写作时间也有先有后,"他们生活在战国时期,前后有二百年历史。《礼记》各篇相传为孔子弟子,或再传、三传弟子所作"[1],还兼收先秦的其他典籍。

《礼记》四十九篇始于《曲礼》,终于《丧服四制》。全书当中一些篇章微文小节以说礼,一些篇章就事论事结构零散,一些篇章义理文采俱佳。《礼记》的内容主要是记载和论述先秦的礼制、礼仪,解释仪礼,记录孔子和弟子等的问答,记述修身做人的准则。实际上,这部九万字左右的著作内容广博,门类杂多,涉及到政治、法律、道德、哲学、历史、祭祀、文艺、日常生活、历法、地理等诸多方面,几乎包罗万象,集中体现了先秦儒家的政治、哲学和伦理思想,是研究先秦社会的重要资料。由于多人撰写,采自多种古籍遗说,内容极为庞杂,编排也较零乱,后人采用归类方法进行研究。根据《礼记》的内容,四十九篇大致可分四类:第一类:记礼节条文,补他书所不备,若《曲礼》、《檀弓》、《玉藻》、《丧服小记》、《大传》、《少仪》、《杂记》、《丧大记》、《奔丧》、《投壶》等;第二类:阐述周礼的意义,若《曾子问》、《礼运》、《礼器》、《郊特牲》、《内则》、《学记》、《乐记》、《祭法》、《祭义》、《祭统》、《经解》、《哀公问》、《仲尼燕居》、《孔子闲居》、《坊记》、《中庸》、《表记》、《缁衣》、《问丧》、《服问》、《间传》、《三年问》、《儒行》、《大学》、《丧服四制》等;第三类:解释《仪礼》之专篇,若《冠义》、《昏义》、《乡饮酒义》、《射义》、《燕义》、《聘义》等;第四类:专记某项制度和政令,

---

[1]高时良.《学记》研究[M].北京:人民教育出版社,2005:14.

若《王制》、《月令》、《文王世子》、《明堂位》等。本书所解读的《大学》、《中庸》、《学记》皆出自于第二类。

汉代把孔子定的典籍称为"经",弟子对"经"的解说是"传"或"记",《礼记》因此得名,即对"礼"的解释。到西汉前期《礼记》共有一百三十一篇。《大礼论》云:"今礼行于世者,戴德、戴圣之学也。"又云:"戴德传《记》八十五篇",则《大戴礼》是也。"戴圣传《礼》四十九篇",则此《礼记》是也。[1]我们常说的儒家十三经中所指的礼经就是戴圣传《礼》四十九篇,即《小戴礼记》。东汉后期大戴本不流行,以小戴本专称《礼记》,而且和《周礼》、《仪礼》合称"三礼",对中国文化产生过深远的影响,各个时代的人都从中寻找思想资源。因而,历代为《礼记》做注释的书很多,当代学者在这方面也有一些新的研究成果。

《礼记》的经学性质决定了《大学》、《中庸》、《学记》三篇文章的立意在于儒家精神的习传,关乎教育,尤其是将其解读为近现代的教育涵义的内容是表,是形式,故而其解读是不应该离开经学的大背景的。

─────────────

[1]《十三经注疏》整理委员会整理,李学勤主编.十三经注疏·礼记正文(上、中、下)[M].北京:北京大学出版社,1999: 9.

一 《大学》

（一）简介

1.《大学》之成书

《大学》是《礼记》的第四十二篇。因篇首有"大学之道"四字，故名。郑玄《目录》曰："名曰'大学'者，以其记博学，可以为政也。此于《别录》属通论。"[1]

关于《礼记·大学》的成书时代，宋代以前少有论及，由清人至近代学者，考究诸多，非常详细，但是争议亦多。综述各家之言，关于《大学》成书之说主要有："《大学》作于曾子及其门人说；《大学》作于子思说；《大学》出于荀子说；《大学》出于孟子说；《大学》成于（西）汉儒说；《大学》成于东汉说。"[2]

根据劳思光、徐复观及岑溢成诸先生的考究，认为："欲解决《大学》成篇的时代问题，应先从'大学'一词的本身加以考察。在《诗》《书》《易》、《仪礼》、《周礼》、《左传》、《国语》、《论语》、《老子》、《墨子》、《孟子》、《庄子》等重要典籍中，皆不见有'大学'的名词。从先秦多部文献的考察，皆不见有'大学'这个名称，相信在先秦时尚未有'大学'这个名称。至于《吕氏春秋》《十二纪》已有与'小学'相对之'大学'，……不称大学而称之为'学'，乃说明大学之观念尚未形成。所以'大学'观念在秦代

---

[1]《十三经注疏》整理委员会整理，李学勤主编.十三经注疏·礼记正文（上、中、下）[M].北京：北京大学出版社，1999：1592.

[2]张向华.《大学》文本探微[D].福建师范大学硕士学位论文，2006：7、12、13、14、16.

尚未流行。直到《礼记》的出现，始见有'大学'这个名称。徐先生亦谓：正式提出'大学'名称的，在《礼记》中除《大学》外，计有《祭仪》、《王制》、《学记》及《大戴记》之《保傅篇》。《保傅篇》取自贾谊上书，……《王制》乃汉文帝令当时博士所编。……《祭仪》亦成于西汉儒生之手。'大学'或'太学'的观念，乃西汉初年才流行的观念。"[1]

所以据上所述，"'大学'之名当在西汉之文献中，广为人用，故大学或太学是西汉前流行的观念。并且，《大学》成篇于战国晚期至西汉前，或者详尽一点，在《尔雅》出现之前、汉武帝前。……至今《大学》古本作者亦无从考订，仍阙疑。现从大学的内容分析，其常引先秦文献，行文流畅，系统一统，结构清晰；因此推断《大学》的作者是个熟读先秦文献、系统性强、重视儒家心学，并且发扬儒家内圣外王理想的佚名隐士。"[2] 但也有学者认为：《大学》当成书于战国末期或秦汉之际，作者不可能是曾子或其他某一个人，而是多位儒家学者共同努力的结果。"[3]

《大学》作为《小戴礼记》（《礼记》）中的一篇，汉武帝时随《礼记》成为"五经"之一而进入官学，在唐以前尚未受到重视，也没见其有单行本。直至中唐的韩愈在《原道》中引用《大学》章句"古之欲明明德于天下者"来引证儒家道统，才开始渐受关注。及至宋代，司马光撰有《大学广义》及《致知在格物论》，《大学》才开始作为独立研究对象。不久张载推许《大学》是出于圣门；又二程兄弟亦表彰《大学》、《中庸》二文。此后，《大学》、《中庸》常并称。到了宋代，《大学》与《中庸》、《论语》、《孟子》辑成《四子书》，又名"四书"（这是经学史上"四书"之名的首次出现），并定《大学》为"四书"首卷（其后以《论语》、《孟子》、《中庸》来排列），南宋朱熹1177年序定《大学章句》和《中庸章句》两篇，并为《论语》《孟子》做了集注，编排在一起，1182年刊刻成书《四书章句集注》。《大学》被视为学者入德之门、入道之序，使之有了独立地位；自此以后受到元、明、清君主推崇，士林推重，定为科举首业，《大学》则更进一步随"四书"成为各学校的基本教材，成为元后八百年学人士子科举考试的必

[1]朱雪芳.《大学》的义理性格[J].北京青年政治学院学报，2005，（6）：34—35.
[2]朱雪芳.《大学》的义理性格[J].北京青年政治学院学报，2005，（6）：35.
[3]王杰.儒家文化的人学视野[M].北京：中共中央党校出版社，2000：247.

读之书，一跃成为儒家必读经典，地位更超越"五经"，在中国思想文化及教育发展史上影响甚深。

2.《大学》之篇章结构

《大学》仅有两千余字，全书的文字结构可归纳为两大部分：（1）"纲领"：明明德、亲民、止于至善理想目标。（2）"条目"：修身、齐家、治国、平天下，修为过程。这两大部分的关系是"明明德"（自明）与"修身"相对应，"格物"、"致知"、"诚意"、"正心"四者，都是"修身"分内的事，不能视同纲目旨趣；"亲民"（包括"亲亲"与"亲民"）与"齐家"、"治国"相对应；"止于至善"与"平天下"相对应，这样，教育的纲领与教育的具体过程和措施都有机地统一在一起了。

此处要简单说及朱熹《大学章句》的体例。朱熹把《大学》分为"经"与"传"两大部分。认为第一章"经"的部分是"孔子之言而曾子述之"，后十章是"传"的部分，是"曾子之意而门人记之"。而"传"又分为两部分："前四章总论纲领旨趣"，"后六章细论条目工夫"。朱熹这样做的理由是其认为"传"的部分"旧本颇有错简"[1]，因此，他"因程子所定"[2]，对其基本结构、各章之间的关系加以调整并予以说明。如此，《大学》就"序次有伦，义理贯通，似得其真"了。

我们分析《大学》的教育思想，一般采用朱熹的"大学章句"本，因其是元明清三代的官定教本，直接影响到此间的教育和社会意识形态，实际指导了此期的教育实践，并且也基本继承了前期教育的积极成果。

3.《大学》之版本流传

关于《大学》的研究，主要分这样几个阶段：

（1）汉代至唐代对《礼记·大学》篇的研究：《大学》未单独成篇，皆以《礼记》篇辗转传抄，衍生出不同版本，如桥氏本、曹氏本、马融校注本、卢

---

[1]梁海明译注.《大学》《中庸》[M].沈阳：辽宁民族出版社，1997：20.
[2]梁海明译注，《大学》《中庸》[M].沈阳：辽宁民族出版社，1997：20.

植校注本等等[1]。汉武帝时随《礼记》成为"五经"之一而进入官学，东汉末年郑玄关于《大学》的注解见于其所著的《三礼注》的《礼记·大学》部分，这是现今可查的最早的关于《大学》的研究著述。而南北朝至隋朝，"对于《大学》的研究罕有可称道者"[2]。唐代孔颖达则针对郑氏专门做了疏解，即《礼记·正义》，从《礼记·大学》中可以看出其注疏的特点，一为郑注再作注，二为注解的过程中加入个人的解读和看法，这使得人们更便于阅读和理解《大学》，一定程度上起到了扩大影响的功用。

（2）宋代及其后《大学》的研究状况：程颢对《大学》文本进行了改定，这引起了学者疑改《大学》的兴趣，其后程颐、林之奇、朱熹、王柏、吴澄都对《大学》做了各自不同的改动，不同的改动方案都体现了改动者各自不同的思想，也就是"理"。其中朱熹"把《大学》从《礼记》中抽取出来，经过'移文补传'的工作，对原本《大学》进行文本改造和重新诠释解读。这不仅使《大学》自成一书，也使得《大学》有了全新的生命力，被改造成了'为学次第之书，即物穷理之学'，从而获得了'四书之首'的地位"[3]。《四书章句集注》成为范本。此后关于《大学》研究的著作有元代许衡的《大学直解》、景新的《大学集说启蒙》、黎立武的《大学发微》、《大学本旨》等。明代有胡广的《大学章句大全》、王阳明的《大学古本旁释》、曹珖的《读大学》、乔中和的《古大学注》等，其中王阳明反对朱熹的改本，主张也同朱熹相对。及至清代，研究著作有毛奇龄的《大学证文》、李光地的《大学古本说》等近40种之多，期间或从朱熹，或从王阳明，未见全新的观点。

（3）民国及其后《大学》的研究状况：民国时期只有易顺鼎的《大学私定本》，解放以后则更少人问津。如今又出现了一些研究著作，如方向东的《〈大学〉〈中庸〉注评》，来可泓的《大学直解》，邓球柏先生的《大学通说》，吴应宾先生等所著的《古本大学释论》等。还有台湾地区的赵泽厚先生的《大学研究》，对《大学》的作者、性质、文意等多方面都做了研究和阐述[4]。

现行的《大学》有三种不同的本子：郑玄所注《小戴礼记》第四十二篇

[1]金建州.《大学》研究考论[D].南京师范大学硕士学位论文，2008：1.
[2]金建州.《大学》研究考论[D].南京师范大学硕士学位论文，2008：2.
[3]金建州.《大学》研究考论[D].南京师范大学硕士学位论文，2008：4.
[4]金建州.《大学》研究考论[D].南京师范大学硕士学位论文，2008：6.

全文,王守仁尊之为"古本";由程颢、程颐兄弟及朱熹所改定的《大学章句》本;魏正始四年刻的"三体石经"本,亦称"石经大学古本"。

(二)《大学》的教育思想

通过前述分析可知,《大学》的文本性质不是"学",而是"大学"。在研究中国古代教育思想时,《大学》不仅不能或缺,而且地位很高,但实际情况是:《大学》的主旨并不在"为学"!因为"大学"之意是"成人之学"(并非字面表达的近现代概念,今天理解"大学"更多"知识之学"的涵义)。换言之,《大学》是借由"为学"而谈"为人",实则关系的是"为政",只有将其置于儒家经学思想背景里才能理解字内之意。

1. 教育观

(1)教育论与政治论的统一

强调教育与政治的统一,教育直接为政治服务是儒家教育的传统,或者说是儒家之所以关注教育的原因,对此意的论述与强调也是《大学》的基本精神。在《大学》中,教育过程与政治过程是一种"表里关系":人的培养和完善过程,是一个社会政治伦理"由外及内"又"由内及外"的过程;社会的政治又是一个教育和改造所有人的过程、教化的过程。

从"三纲领"来看,教育的最高目的即是政治的目的,是完成政治的目的,为政治服务。"明明德"[1]的目的就是为了要"亲民",即教化、改造人民;而"亲民"的目的就是为了要济世济民,就是要"止于至善"[2],建立美好的理想社会。而政治目的的实现,就是天下所有的人,每一个人的教育和培养:"明明德"。一旦每个人"明"了其"明德",则是理想社会自然实现之时,不再需要其他过程来完成。"三纲领"的宗旨即道德修养与政治施为的和谐统一以达到尽善尽美的境界,这也是儒家"修己治人"之道的概括,是儒家内圣外王人生哲学的具体化。

[1]夏延章.《大学》《中庸》今译[M].南昌:江西人民出版社,1983:1.
[2]夏延章.《大学》《中庸》今译[M].南昌:江西人民出版社,1983:1.

从"八条目"来看，政治过程的具体措施与教育过程的具体施为，更是具体地紧密相连："古之欲明明德于天下者，先治其国；欲治其国者，先齐其家；欲齐其家者，先修其身；欲修其身者，先正其心；欲正其心者，先诚其意；欲诚其意者，先致其知；致知在格物。物格而后知至，知至而后意诚，意诚而后心正，心正而后身修，身修而后家齐，家齐而后国治，国治而后天下平。"[1] 这一段回环往复的文字，并不是简单地玩文字游戏，也不是单纯强调其过程和步骤，而是从教育和政治两个不同的出发点，论述了作为一个统一过程的教育与政治的关系。"古之欲明明德于天下者"是从社会的理想和政治的要求出发，论述政治对教育的依赖和指导的关系，这就是朱熹解释的"明明德于天下者，使天下之人皆有以明其明德也"。而"致知在格物"，则是从教育论出发，论述了教育对于政治的基础作用。一个"先"一个"而后"，将教育过程和政治过程的每一个步骤具体地联系起来，互为因果，互为手段和目的，互为存在的条件。这种严密的思维逻辑，深刻地表达了儒家社会政治文化一体的基本精神，表达了教育必须为社会政治服务，社会政治必须依靠教育的基本思想和精神原则。

这种教育方针指导了中国秦以后的正统教育，对社会的发展和教育的发展，都有着不可否定的积极作用。可以毫不讳言，中国漫长的专制政治借此维系，灿烂的古代文明由此铸就。因为没有脱离社会政治过程的教育，教育必须为政治服务，将教育过程与政治过程统一起来，既是对教育提出了具体严格的要求，又保证了教育的发展，这正是从根本上重视教育。在这种思想的指导下，历代王朝都以"建国君民，教学为先"[2] 为教条，把教育放在国家政治的首要地位。

（2）伦理道德教育的实质

伦理道德教育的精神贯串在《大学》教育纲领的始终。在《大学》的体系里，道德对人的生活及价值具有本源的意义。《大学》说："是故君子先慎乎德。有德此有人，有人此有土，有土此有财，有财此有用。德者，本也。"[3] 因此，伦理道德既是政治的核心，又是教育的根本。从教育过程

---

[1]夏延章.《大学》《中庸》今译[M].南昌：江西人民出版社，1983：2.

[2]刘震.《学记》释义[M].济南：山东教育出版社，1984：1.

[3]夏延章.《大学》《中庸》今译[M].南昌：江西人民出版社，1983：16.

来说，伦理道德教育既是教育的起点，又是教育的归宿；既是教育的依据，又是教育的内容和途径；既是教育的过程，又是教育的目的。整个《大学》以伦理道德教育为核心，构成了一个自生自成、自我说明的封闭体系。所有这些主张均体现在对"君子"及其品质的诉求上。

在中国尤其是古代中国，君子是作为社会模范而存在的。在君子身上，集中体现了中国传统道德的精髓。自古以来，真正的君子，可以用他的道德品行影响一个社会并使之规范化、崇高化。社会就是依靠这些具有崇高道德的君子才不致陷于堕落。《大学》强调以修身为本，更是认识到人性磨炼至圣对社会的重要意义。而修身以格物致知为基，以治国平天下为果。修身虽然是为了内圣，但这是作为一个积极生活的君子对这个社会的精神支持。所谓格物、致知、诚意、正心，这些都是修身要做的内心之功夫，而齐家、治国、平天下则是君子处世之功夫。君子修身，是一种精神的追求，同时也是社会的需要。《大学》以修身为君子之本，就是将这种对自身道德完美的追求作为人生的根本追求之一。

儒家伦理道德价值观十分重视个体对群体的影响。个体构成了社会的群体，这个个体既是作为个人的个体，也是作为家庭的个体，两种个体都对整个社会产生影响。儒家由此进而重视家对国的影响，从家庭的盛衰反映出国家的兴亡。这在《大学》中有非常明确的表达："一家仁，一国兴仁；一家让，一国兴让；一人贪戾，一国作乱。其机如此。此谓一言偾事，一人定国。尧舜帅天下以仁，而民从之。桀纣帅天下以暴，而民从之。其所令反其所好，而民不从。是故君子有诸己，而后求诸人；无诸己，而后非诸人。所藏乎身不恕，而能喻诸人者，未之有也。"[1] 一个家庭的道德精神环境可以影响整个社会。在传统的中国，社会就是由每一个家庭构成的，这一点不同于西方的所谓独立之个人。同时在这段话里还指出，君子是以自己的修身来达到对他人的教化，而且不能执自己的诚意，就更不能使他人明白道德的真意。

君子修身的直接结果是家齐，因为只有修身，才能"好而知其恶，恶而知其美"[2]，达到一家齐。作为一个注重宗族传衍的民族，家庭的平和在中国

---

[1]夏延章.《大学》《中庸》今译[M].南昌：江西人民出版社，1983：13—14.
[2]夏延章.《大学》《中庸》今译[M].南昌：江西人民出版社，1983：12.

受到非常广泛的重视。对于一个家庭与组成这个家庭的个人而言，可以保护家族的平乐和顺，这不仅仅体现个人的生活态度，更体现了个人的道德水平。一个无法齐家的人，儒家不认为他可以"教人"。《大学》："孝者，所以事君也；弟者，所以事长也；慈者，所以事众也。"[1] 儒家将家庭的"孝"、"悌"、"慈"类的伦理概念扩大到社会中，并作为个人处世之法则。这种法则同样也是充满道德感的。这样看来，《大学》一书不仅仅是教育人如何实现自我人生的价值，同时对传道之人也指明了要求。

在一个以道德评价作为是非判断的绝对依据的社会中，一个具有良好德行的君子，是一个国家的重要精神领袖。中国社会就是以道德伦理为支架。当然，一提到道德，马上会提到的就是德财之序位的问题。以德为本，以财为末，在《大学》中，通过对财与德的对比阐释，可以看出一个基本观点就是德重于财，所谓"不以利为利，以义为利"[2] 是也。同时，《大学》认为"仁者以财发身，不仁者以身发财"[3]，所谓"富润屋，德润身"[4]。这里既表现了中国人的知足心理，对财富的追求不会无止境，又明确表示德对于自身的重要意义。这种对财与德之关系的健康认识，在急躁物欲的现代社会却渐渐被人们遗忘了。人们在不知不觉中失却了自己的精神独立，成为物欲横流中的一员。作为积极入世、力图为社会建立精神家园的儒家，并非忽视任何利益。但是他们把利的含义扩大，使其道德化，成为一种符合道德规范的合理存在物。这体现了儒家对人性的深刻洞察，而儒家的这种义利观实际上帮助了人们平和地处理了道德与钱财的关系。这对中国社会的稳定无疑是起了非常大的作用。

君子的典范，不仅仅是在精神上对道德的践行，也有在生活中对人的影响，儒家这种兼济天下的使命感，就体现了一种对道德的感染力的坚信，《大学》可以说是儒家重视道德教化的产物。《大学》一文，从修身开始，一端是齐家，一端是治国，将君子的人生紧紧围绕着社会。儒家的积极入世思想，在《大学》中得到了很充分的展现。作为君子，在内心借修身完善道德，在社会以道德伦理建立了中国传统社会的精神国家。对中国人而

[1]夏延章.《大学》《中庸》今译[M].南昌：江西人民出版社，1983：13.
[2]夏延章.《大学》《中庸》今译[M].南昌：江西人民出版社，1983：17.
[3]夏延章.《大学》《中庸》今译[M].南昌：江西人民出版社，1983：17.
[4]夏延章.《大学》《中庸》今译[M].南昌：江西人民出版社，1983：10.

言，国家意识并不浓，占主要地位的是天下观，这种胸怀也是儒家给予的。在这种天下观的支配下，君子们用道德与伦理将自我与社会融会贯通，真正实现了人的社会价值。

2. 教育内容观——"三纲领八条目"

"三纲领"的起点是"明明德"，而这个所要明的"明德"，就是《康诰》的"克明德"[1]，《太甲》的"顾諟天之明命"[2]，《帝典》的"克明峻德"[3]，都是指的"天之所以予我，而我之所以为德者也"。也就是说，这里所要明的"明德"，是先天完善和自足的。它的实质则是儒家思想的性善论的推演，是农业文化的重人本色的归纳，这个"德"，既是内在的，又是超越的，它是自然农业的生产关系的总和，但它又能依靠人的本能、依靠天赋之德本身的力量加以发扬光大，从而实现人的完善和价值。因此，教育的内容、方法、目的等，都能在那本来的"德"中找到根据。

"亲民"[4]则是"明明德"的自然外化，是使人明"明德"的过程。朱熹解释说："人之洗濯其心以去恶，如沐浴其身以去垢。""诚能一日有以涤其旧染之污而自新，则当因其已新者而日日新之。"因此，这并不是一个强迫的外力过程，而是一个使人内在的先天道德觉醒的过程，是一个德治仁政的教化过程。教育的最高目的是"止于至善"，而这所谓"至善"的社会也是一个和美的理想的人伦社会，是"事理当然之极"（朱熹"章句"）："为人君止于仁，为人臣止于敬，为人子止于孝，为人父止于慈，与国人交止于信"[5]。"仁"、"敬"、"孝"、"慈"、"信"并不是对不同人的片面要求，而是对整个社会的所有人的统一要求。因为，比如一个人，他可以是臣下的君主，但又是父亲的儿子、儿子的父亲，别国君主的朋友等。因此，这都是社会的准则，而这都是"德"的规定，是"有以尽夫天理之极而无一毫人欲之私"，以沟通天人的根据，因此，教育的起点和终点、过程和内容、

---

[1]夏延章.《大学》《中庸》今译[M].南昌：江西人民出版社，1983：4.
[2]夏延章.《大学》《中庸》今译[M].南昌：江西人民出版社，1983：4.
[3]夏延章.《大学》《中庸》今译[M].南昌：江西人民出版社，1983：4.
[4]夏延章.《大学》《中庸》今译[M].南昌：江西人民出版社，1983：1.
[5]夏延章.《大学》《中庸》今译[M].南昌：江西人民出版社，1983：7.

目的和方法都统一到了伦理道德上。教育的完成就是伦理道德的完成，也是政治过程的完成。

"八条目"的起点是"格物"[1]，而所格之"物"，正如历代儒家学者所强调、不少近世学者所指出的那样，其主要内容并不是生产、生活实践中的任何问题、事物、事情，而是君臣、父子、夫妇、兄弟、朋友等人与人之间的关系，是伦常道德。而"知至"的"知"是"知止"、"知本"，并不是一般的知识，而是对人与人的关系的理性认识。格物致知的目的，是便于"诚意"、"正心"，培养道德情感。而"修身"的核心也是一个伦常之"身"，其主要标准是"好而知其恶，恶而知其美"。"齐家"、"治国"、"平天下"，都是以"修身"为"本"的"末"，是修身的自然结果和外化。"齐家"的主要内容是"孝"、"悌"、"慈"，这又正是"治国"的根本："其家不可教而能教人者无之。故君子不出家而成教于国。孝者，所以事君也；弟者，所以事长也；慈者，所以使众也。"[2]而"国治"的主要内容又是"兴仁"、"兴让"。这样，家国一体、天下一家，治国如齐其家。"平天下"就是"明明德于天下"，就是"上老老而民兴孝；上长长而民兴弟，上恤孤而民不倍"[3]。最高的目标统一于"止于至善"的理想人伦社会，实则整个过程又完成于伦常道德的建立。

《大学》所贯彻的这种伦理道德教育的精神，正是儒家教育的优良传统，它现实地反映了以家庭为核心，以血缘关系为纽带而维系起来的宗法制自然农业文化的要求，在整个传统社会中，一直指导着教育的实施。

3. 教育方法观

（1）自我教育观论

《大学》所阐述的教育范畴，基本属于自我教育的范畴。"三纲领"的起点是"明德"，这个"明德"是从思孟学派的性善论推演出来的。朱熹解释说："明德者，人之所得乎天，而虚灵不昧，以具众理而应万事者也。

---

[1]夏延章.《大学》《中庸》今译[M].南昌:江西人民出版社,1983: 2.

[2]夏延章.《大学》《中庸》今译[M].南昌:江西人民出版社,1983: 13.

[3]夏延章.《大学》《中庸》今译[M].南昌:江西人民出版社,1983: 16.

但为气禀所拘，人欲所蔽，则有时而昏；然其本体之明，则有未尝息者。故学者当因其所发而遂明之，以复其初也。"[1] 由此看来，"明德"即是人天生即具的完美本性。这种"明德"，不仅具有人的一切美好品德的根底，而且有使人的所有美好品德发展完善和充分实现的本能。大学教育，就是要使人天生即具的"明德"，依靠人的自觉的主观力量，即这个自天而来的"明德"本身而发扬光大。这就要在心性中下存养的功夫，这就是一个从自己开始的自修的过程，自己教育自己的过程。《大学》正是由此而提出了一个从自己做起，以自我反省、自我教育为基础的、推己及人以至于治国平天下的教育纲领。

从"八条目"来看，格物致知是八条目的起点和基础。虽然朱熹说过，"格物"即是"即物而穷其理也"[2]，而朱熹之后，王阳明则认为格物乃是"去其心之不正，以全其本体之正"[3]。即主体的建立和肯定才是第一位的。清代朴学家阮元也说："格物与止至善、知止、止于仁敬等事，皆是一义，非有二解也。"近人杨向奎先生也同意这一说法，并认为"如果也把《大学》的原文分为经传"，则原文中"知止而后有定，定而后能静，静而后能安，安而后能虑，虑而后能得。物有本末，事有终始，知所先后，则近道矣"[4]。应当是格物章的注解。从《大学》通篇的本意和重视人的主观能动作用的思想倾向来看，阮元的解释和杨向奎先生的说法是有道理的。"格物"、"知止"建立自我目标，肯定自我价值而后有"定"，从"定"到"静"、到"安"、到"虑"，"虑而后能得"，这"虑"而"得"便是"知至"了。这说的正是以存心养性为起点的自我教育，深为后世理学家所推崇。

"慎独"的方法是发挥主体能动作用，以自己教育自己的根本方法。它要求一个人在没有周围人监督的情况下，能以道德规范约束自己的思想和行为，使自己的言行"不逾矩"，不违反道德行为准则，是自觉进行思想转化和行为控制的活动。《大学》把"慎独"作为培养道德情感和道德意志，即"诚意"和"正心"的根本方法，即所谓："诚其意者，毋自欺也。

[1]朱熹.四书章句集注[M].北京：中华书局，1983：3.
[2]夏延章.《大学》《中庸》今译[M].南昌：江西人民出版社，1983：9.
[3]王守仁撰，吴光等编校.王阳明全集[M].上海：上海古籍出版社，1992：5.
[4]夏延章.《大学》《中庸》今译[M].南昌：江西人民出版社，1983：1—2.

如恶恶臭，如好好色，此之谓自谦；故君子必慎其独也。"[1]又说："小人闲居为不善，无所不至；见君子而厌然，掩其不善，而著其善。人之视己，如见其肺肝然，则何益矣！此谓诚于中，形于外。故君子必慎其独也"[2]。"慎独"的核心就是时刻要求自己、警惕自己，使自己随时处在主体的自觉状态中，从而肯定自己的价值，这也就是自修。所以《大学》说："如切如磋者，道学也；如琢如磨者，自修也。"[3]这种以自我反省为中心的自我教育，在教育过程中的确是不可缺少的。所以朱熹解释说："欲自修者，知为善以去其恶，则当实用其力，而禁止其自欺。使其恶恶则如恶恶臭，好善则如好好色，皆务决去，而必得之，以自快足于己，不可徒苟且以殉外而为人也。"[4]"心有不存，则无以检其身，是以君子必察乎此，而敬以直之，然后此心常存而身无不修也。"[5]总之，教育是一个自教自得、自我振作精神，发挥主观能动性以自我修持、自我实现的过程。

（2）教育过程论

《大学》从"格物"的实际教育着手，到理想境界"天下平"的实现过程，前后连接的八个环节里，实际上存在着教育认识过程的三个阶段：

①认识阶段

《大学》认为，人的社会化过程是从认识开始的。事物本身存在着事理，即道理，社会现存的一切都有其"所以然"之理。人的社会化过程就是要使人与整个人类的环境和谐并进、与社会一体化的过程。因此，对社会的认同是第一步，这就是"格物"以"致知"。朱熹"取程子之意"所补写的格物致知章是思孟学派的"精义"。这就是由"格物"而"致知"的过程。而这个"知之至"[6]有两层意思。

一是"知本"，即知道教育的着手处。"物有本末，事有终始，知所先后，则近道矣。"[7]而这"本"与"末"，在"三纲领"中则是指"明德为本，新民

[1]夏延章.《大学》《中庸》今译[M].南昌：江西人民出版社，1983：10.
[2]夏延章.《大学》《中庸》今译[M].南昌：江西人民出版社，1983：10.
[3]朱熹.四书章句集注[M].北京：中华书局，1983：5.
[4]朱熹.四书章句集注[M].北京：中华书局，1983：7.
[5]朱熹.四书章句集注[M].北京：中华书局，1983：8.
[6]朱熹.四书章句集注[M].北京：中华书局，1983：7.
[7]夏延章.《大学》《中庸》今译[M].南昌：江西人民出版社，1983：2.

为末"[1]；"大畏民志，此谓知本"[2]。在"八条目"中，则是指："自天子以至于庶人，壹是皆以修身为本。其本乱而末治者，否矣；其所厚者薄，而其所薄者厚，未之有也。"[3]

二是"知止"，即了解教育的最高目标并予以认同："止于至善"，即君仁、臣敬、子孝、父慈、友信。这也是学习的先决条件："知止而后有定，定而后能静，静而后能安，安而后能虑，虑而后能得。"朱熹认为，"知之，则志有定向"，"心不妄动"，"处事精详"，"得其所止"[4]，也就是说，从理智上认识教育过程的最高目标，具有心理导向的作用，是达到目标的心理保证。这就是"知止为始，能得为终"[5]。

显然，"知本"和"知止"讲的都是认识问题。虽然，从思孟学派的思想倾向和"八条目"的关系来看，"物"和"知"并不是指生产劳动所接触的一般事物或自然之物及其所知，而是指社会政治和伦理方面的行为，这是"物"、"知"观的狭隘性。但是，从道德、政治修养的角度来说，君臣、父子、夫妇、兄弟、朋友等关系，当然也是应该"格"，应该"知"的。并且提出这一命题，不管怎样解释"物"和"知"，它总是从物到知的，是符合道德和政治修养的某些客观规律的。修养是一种自我教育过程，当然必须依靠人们的主观努力，亦即自身发展着的各种内部条件。只有首先通过"格物"，"致知"，懂得什么是对的，什么是错的；应该做什么，不该做什么，从而提高道德认识，进而调动主观能动性，形成自我教育的信念。这种把教育过程首先建立在"格物"、"致知"基础上的思想，就是把"知"作为知行过程的开端，要求人们从掌握和熟悉现存的社会规范入手，进而完成其社会化的过程。这种观点有其积极的实践意义。

②情感阶段

"诚意"和"正心"讲的都是道德情感的培养问题。情感是在对事物有了一定的认识之后产生的，是对事物的态度和意向。《大学》把"诚意""正心"放在"格物""致知"的自然逻辑过程之后，作为道德教育过程的第

[1]朱熹.四书章句集注[M].北京：中华书局，1983：3.
[2]夏延章.《大学》《中庸》今译[M].南昌：江西人民出版社，1983：8.
[3]夏延章.《大学》《中庸》今译[M].南昌：江西人民出版社，1983：2.
[4]朱熹.四书章句集注[M].北京：中华书局，1983：3.
[5]朱熹.四书章句集注[M].北京：中华书局，1983：3.

二阶段，表明作者已经自觉地认识到情感过程在教育过程中的必然和必需。《大学》把"诚意"作不自欺欺人解，把"正心"解释为勿为杂念动情。即"正其心者。身有所忿懥，则不得其正；有所恐惧，则不得其正；有所好乐，则不得其正；有所忧患，则不得其正"[1]。一句话，要求人们在认识的基础上，以理智统帅情感，以培养积极的道德情感。

这一命题也包含着某些符合教育和修养的客观规律的合理因素。人们在道德认识的基础上，运用道德概念、道德信念进行道德评价，进而不因忿懥、恐惧、好乐和忧患等情绪产生偏颇，从而形成"如恶恶臭，如好好色"[2]，"能爱人、能恶人"的爱憎分明的道德情感，这对道德修养有着重要的作用。因为道德认识只有经过内化为道德情感之后，才会变为道德意志和自觉的道德品质。过去有些学者把"诚意""正心"理解为"去人欲"，那是禁欲主义理学家制造的迷雾所致。联系上下文来看，《大学》并不主张"去人欲"，而是要"防情偏"。《大学》认为，人的情感都是有偏颇的，要使人的情感成为合乎道德要求的情感，就不要从个人的好恶来进行道德评价，而要从社会的道德要求出发，理智地衡量自己和衡量别人。这实际上就是人的社会化的过程，同时也就是人的理智的完成。

③力行阶段

《大学》把身体力行、躬身践履作为人的教育过程的完成阶段。因为在儒家学者看来，修身的目的是为了实现"德治"，是为了理想社会的实现。"齐家"、"治国"、"平天下"都贯串着力行的原则，它们是认识的目的和归宿。

《大学》所提出的"三纲领"、"八条目"的教育程序，充分体现了儒家学术理论的根本宗旨："修己治人"之道。这正是儒家学者批判佛老的核心武器。在儒家的思想体系中，"修己"与"治人"也是一个完整、统一的过程，可以说是教育过程与政治过程相统一的精神在具体的人的培养过程中的体现。"修己"是教育自己，"治人"是教育他人。"修己治人"的过程是一个教育过程，也是一个政治过程，"修己"是"本"，治人是"末"，"治人"是"修己"过程的自然外化，是一个推己及人的过程，而对于所治之人来说，又是一个"修己"的过程。这就是"修己治人"之道的核心。

[1]夏延章.《大学》《中庸》今译[M].南昌：江西人民出版社，1983：11.
[2]夏延章.《大学》《中庸》今译[M].南昌：江西人民出版社，1983：10.

由"三纲领"所论的教育的三个不同层次的目的来看,"明明德"当然是修己,是教育自己,而"亲民"则是治理他人,是"治人"。"亲民"即"新民",使民"新",亦即使民明"明德",这即是朱熹所解释的:"新者,革其旧也。言既自明其明德,又当推以及人,使之亦有以去其旧染之污也。"[1] 因此,"治人"对于所治之人来说,又是一个"明明德"的过程,政治过程又是一个推己及人的教育过程。再进一步,"明明德","亲民"都是为了济世济民、开物成务,治理天下,建成美好的理想社会。在"八条目"的程序设计中也贯彻着修己治人的精神。"修身"即是修己,"格物"、"致知"、"诚意"、"正心"都是"修身"分内的事,"齐家"、"治国"、"平天下"即是治人。自古治国始齐其家,"齐家"、"治国"、"平天下"都是修身的自然外化。"孝"即能"事君","弟"即能"事长","慈"则能"事众",治国平天下的本领都是与自己的道德修养一脉相通的。这也可说是中国政治伦理一体化的社会结构的必然要求,因此,《大学》特别强调"八条目"中"修身"为本,是"八条目"的核心,身修自然家齐、国治、天下平,所谓"一家仁,一国兴仁;一家让,一国兴让;一人贪戾,一国作乱"。因此《大学》要求"自天子以至于庶人,壹是皆以修身为本"[2]。在教育过程中,使个人、家庭、国家政治达到了高度的统一。

不仅如此,《大学》还提出了以推己及人为核心的为学修行的基本方法"絜矩之道":"所恶于上,毋以使下;所恶于下,毋以事上;所恶于前,毋以先后,所恶于后,毋以从前;所恶于右,毋以交于左;所恶于左,毋以交于右"[3]。即是说,治国治民,都应该根据"己所不欲,勿施于人"的原则推己及人而行事。

《大学》篇关于教育过程的认识论,强调"知"、"情"、"意"、"行"的统一,把社会的政治过程和要求与人的社会化过程、人的教育过程联系起来,既注意了社会化要求,也基本符合受教育者"知"、"情"、"意"、"行"的思想内部矛盾发展转化的过程,具有极高的认识价值和理论意义。

总之,《大学》所提出的教育理论体系,已经呈现出一种自觉的理论

[1]朱熹.四书章句集注[M].北京:中华书局,1983:3.
[2]夏延章.《大学》《中庸》今译[M].南昌:江西人民出版社,1983:2.
[3]夏延章.《大学》《中庸》今译[M].南昌:江西人民出版社,1983:16.

形态，其显著标志即是在《大学》的体系中，目的、程序、内容、方法都是有机地相统一。纲领中的"明明德"，即是条目中包括"格物"、"致知"、"诚意"、"正心"在内的"修身"；"亲民"，按二程的解释，包括"亲亲"和"亲人"两种意义，即是"齐家"与"治国"、"止于至善"即是"平天下"。而且每一步骤都有具体的方法说明。"纲领"与"条目"形成一个有机的整体。不仅如此，"纲领"和"条目"的每一步又都互为内容、步骤、目的和方法，每一步又都能作为出发点而解释整个过程，每一步都既是起点，又是归宿，这是其统一性的核心，从而又使《大学》的体系具有了教育哲学的性质。

（三）《大学》原文、注释、释义及导读

1.大学之道

【原文】

大学之道[1]，在明明德[2]，在亲民[3]，在止于至善[4]。

知止而后有定[5]，定而后能静[6]，静而后能安[7]，安而后能虑[8]，虑而后能得[9]。

物[10]有本末[11]，事有终始[12]。知所先后，则近道[13]矣。

古之欲明明德于天下[14]者，先治其国；欲治其国者，先齐其家[15]；欲齐其家者，先修其身[16]；欲修其身者，先正[17]其心；欲正其心者，先诚[18]其意；欲诚其意者，先致其知[19]；致知[20]在格物[21]。

物格而后知至[22]，知至而后意诚，意诚而后心正，心正而后身修，身修而后家齐，家齐而后国治，国治而后天下平。

自天子以至于庶人[23]，壹是[24]皆以修身为本[25]。

其本乱[26]，而末[27]治者，否[28]矣。其所厚[29]者薄[30]，而其所薄者厚，未之有也[31]。

【注释】

1.大学之道：大学的宗旨。"大学"一词在古代有两种含义：一是"博

学"；二是相对于小学而言的"大人之学"。古人八岁入小学，学习"洒扫应对进退、礼乐射御书数"等文化基础知识和礼节；十五岁入大学，学习伦理、政治、哲学等"穷理正心，修己治人"的学问。所以，后一种含义其实也和前一种含义有相通的地方，同样有"博学"的意思。"道"的本义是道路，引申为规律、原则、宗旨等。

2. 明明德：前一个"明"字作动词，有使动的意味，即"使彰明"，也就是发扬、弘扬的意思。后一个"明"做形容词，明德也就是光明正大的品德。

3. 亲民：根据后面的"传"文，"亲"应为"新"，即革新、弃旧图新。民，天下的人。亲民，也就是新民，使人弃旧图新、去恶从善。

4. 在止于至善：止，达到。至，极，最。至善，指善的最高境界。

5. 知止而后有定：止，所达到的地方，作名词用，指上文说的止于至善。知止：知道目标所在。定，定向、志向。

6. 静：安静，指心不浮躁、妄动。

7. 安：安稳。指所处而安。

8. 虑：考虑、思虑。指考虑周详。

9. 得：收获、得到。指得其所止。

10. 物：事物。

11. 本末：本，树的根本。末，树梢。本末，引申为事物的根本和枝节。

12. 终始：结局和开端。

13. 道：至善之道。

14. 明德于天下：即平治天下。

15. 齐其家：管理好自己的家庭或家族，使家庭或家族和和美美，蒸蒸日上，兴旺发达。

16. 修其身：修养自身的品性。修，修养。

17. 正：端正。

18. 诚：诚实。

19. 致其知：使自己获得知识。

20. 致知：致，达到，求得。知，知识。

21. 格物：探究事物的原理。格，达到。物，事。究事物之理。

22. 知至：知识充满于内心。意即获得渊博的知识。

23. 庶人：古代对农业生产者的称词。秦汉后泛指没有官爵的平民。

24. 壹是：一切，都是。

25. 本：根本。指修身。

26. 乱：紊乱。这里是破坏的意思。

27. 末：末梢、枝节。相对于本而言。

28. 否：不，不可能。

29. 厚：丰厚。引申为重视。

30. 薄：淡薄。引申为轻视。

31. 未之有也：即未有之也。没有这样的道理（事情、做法等）。

【释义】

大学的宗旨在于弘扬光明正大的品德，在于使人弃旧图新，在于使人达到完美无缺的至善的理想境界。

知道所应达到的理想境界是"至善"，而后才能够志向坚定；志向坚定才能够内心安宁；内心安宁才能够泰然安稳；泰然安稳才能够思虑周详；思虑周详才能够有所收获，达到最好的理想境界。

世间万物都有根本、有枝节，天下万事都有开始、有终结，明白了这本末始终的道理，就接近事物发展的规律了。

古代那些要想在天下弘扬光明正大品德的人，先要治理好自己的国家；要想治理好自己的国家，先要管理好自己的家庭和家族；要想管理好自己的家庭和家族，先要修养自身的品性；要想修养自身的品性，先要端正自己的心思而无邪念；要想端正自己的心思而无邪念，先要使自己的意念真诚；要想使自己的意念真诚，先要获得丰富的知识；而要获得丰富的知识，就在于推究事物的原理。

只有将事物的原理一一推究到极处，而后才能彻底地了解事物；只有彻底地了解事物，意念才能真诚；意念真诚后心思才能端正无邪念；心思端正无邪念后才能修养品性；品性修养后才能管理好家庭和家族；管理好家庭和家族后才能治理好国家；治理好国家后天下才能太平。

上自天子，下至平民百姓，人人都要以修养品性为根本。若这个根本被破坏了，家庭、家族、国家、天下要治理好是不可能的。不分轻重缓急，本末倒置却想做好事情，实现国治、天下平，这样的事情是不会有的。

【导读】

本章共七节，所展示的是儒学三纲领八条目的追求。所谓"三纲领"，是指明德、新民、止于至善。它既是《大学》的纲领旨趣，也是儒学"垂世立教"的目标所在。所谓"八条目"，是指格物、致知、诚意、正心、修身、齐家、治国、平天下。它既是为达到"三纲领"而设计的条目，也是儒学中所展示的人生进修阶梯。抓住了三纲领八条目，就等于抓住了一把开启儒学大门的钥匙。循此阶梯前行，就会登堂入室，领略儒学经典的奥义。就这里的阶梯本身而言，实际上包括"内修"和"外治"两大方面：前面四级"格物、致知，诚意、正心"是"内修"；后面三纲"齐家、治国、平天下"是"外治"。而中间的"修身"一环，则是连结"内修"和"外治"两方面的枢纽，它与前面的"内修"项目连在一起，是"独善其身"；它与后面的"外治"项目连在一起，是"兼善天下"。而这是需要通过"知"、"定"、"静"、"安"、"虑"、"得"才能得到的明德至善的结果。

第一节总论"三纲领"：阐明大学之道的根本原则，即人们重视内心修养，使光明的德性永保纯洁；言明大学之道的根本任务是"在亲民"；"在止于至善"是大学之道的根本目的。

第二节论述通过"知"认识目标，进而立志、内心安定而不乱，思虑周详方能达到明德至善的结果，即知、定、静、安、虑、得的六个步骤。

第三节总结以上两节，阐明追求至德至善必须明确先后次序、循序渐进。即"知先知后，方是晓得为学之序，则有至之阶矣，故云去道不远"。

第四节阐述如何实现三纲领八条目的步骤。

第五节"就八条目顺推效验"，教育人们循序修己治人功夫。

第六节阐述自天子到平民百姓，都要把修身作为根本，不断提高自身的道德品质。

第七节从反面强调修身为本的道理。不修身而想治国，这是本末倒置。

两千多年来，一代又一代中国知识分子"穷则独善其身,达则兼善天下"，把生命的历程铺设在这一阶梯之上。所以，它实质上已不仅仅是一系列学说性质的进修步骤，而是具有浓厚实践色彩的人生追求阶梯了。它铸造了一代又一代中国知识分子的人格心理，时至今日，仍然在我们身上发挥着潜移默化的作用。

2.弘扬明德

【原文】

《康诰》[1]曰:"克明德[2]。"《太甲》[3]曰:"顾諟天之明命[4]。"《帝典》[5]曰:"克明峻德[6]。"皆自明[7]也。

【注释】

1.《康诰》:《尚书·周书》中的一篇。《尚书》是上古历史文献和追述古代事迹的一些文章的汇编，是"五经"之一，称为"书经"。全书分为《虞书》、《夏书》、《商书》、《周书》四部分。周公在平定武庚所发动的叛乱后，封康叔于康地。这个诰就是康叔上任之前，周公对他所做的训词。

2.克明德：克：能够。明，崇尚。

3.《太甲》:《尚书·商书》中的一篇。太甲，商代国王。

4.顾諟天之明命：回顾此上天的光明使命。顾：回顾，引申为经常想念。諟：是，此。明命：明德。

5.《帝典》：即《尧典》,《尚书·虞书》中的一篇。主要记叙尧舜二帝的事迹。

6.克明峻德:《尧典》原句为"克明俊德"。俊：与"峻"相通，意为大、崇高等。

7.皆自明也：皆，都，指前面所引的几句话。自明，自明己德。

【释义】

《康诰》中说："能够弘扬光明的品德。"《太甲》中说："经常注意上天赋予的彰明美德的使命。"《帝典》中说："能够弘扬崇高的品德。"这些都是说要使自己的美德得以彰明和发扬。

【导读】

本章是《传》的第一章，对"经"当中"大学之道，在明明德"一句进行引证发挥，深入阐明"明明德"的道理，说明弘扬人性中光明正大的品德是从夏、商、周三皇五帝时代就开始强调了的。《三字经》说："人之初，性本善；性相近，习相远；苟不教，性乃迁。"也就是说，人的本性生来都是善良的，只不过因为后天的环境影响和教育才导致了不同的变化，从中生出许多恶的品质。因此，儒家的先贤们强调后天环境和教育的作用，在作为"四书五经"之首的《大学》一篇里开宗明义，提出《大学》的宗旨就在于弘扬人性中光明正大的品德，使人达到最完善的境界。今天看来，"明明德"就是教育人们应该不断保持和发扬自身的美德，克躬励己，完成人之为人的使命。

3. 日日维新

【原文】

汤之《盘铭》[1]曰："苟[2]日新[3]，日日新，又日新。"《康诰》曰："作[4]新民[5]。"《诗》[6]曰："周[7]虽旧邦[8]，其命[9]维新[10]。"是故，君子无所不用其极[11]。

【注释】

1.汤之《盘铭》：汤：即成汤，商朝的开国君主。盘铭：刻在器皿上用来警戒自己的箴言。

2.苟：假如，如果。

3. 新：这里的本义是指洗澡除去身体上的污垢，使身体焕然一新。引申义则是指精神上的弃旧图新。

4. 作：振作，激励。

5. 新民：即"经"里面说的"亲民"，实应为"新民"。意思是使新、民新，也就是使人弃旧图新，去恶从善。

6.《诗》：指《诗经》，这里所引指《诗经·大雅·文王》，是一首歌颂周文王的诗。

7. 周：周朝。

8. 旧邦：古老的诸侯国。邦，古代诸侯国之称。

9. 其命，指周朝所禀受的天命。

10. 维新：维，语助词，无意义。新，更新。

11. 是故君子无所不用其极：所以品德高尚的人无处不追求完善。是故，所以。君子，有时候指贵族，有时指品德高尚的人，根据上下文不同的语言环境而有不同的意思。极：尽头，顶点。

【释义】

商汤在盘器上镂刻铭文警告自己说："假如每天都能够洗净自己身上的污垢，那么就应当天天清洗。每日不间断。"《康诰》中说："振作精神，激励人弃旧图新。"《诗经》中说，"周朝虽然是古老的诸侯国家，但文王却禀受了新的天命，除旧布新。"所以有道德、承天命的君王没有一处不用尽心力，为达到善的最高境界而努力。

【导读】

本章是《传》的第二章，引用经书，深入阐明"新民"的道理，教育人们自新、新民。如果说"在明明德"还是相对静态地要求弘扬人性中光明正大的品德的话，那么，"苟日新，日日新，又日新"就是从动态的角度来强调不断革新。"苟日新，日日新，又日新"被刻在商汤王的盘器上，本说假如今天把一身的污垢洗干净了，以后便要天天把污垢洗干净，这样一天一天地下去，每人都要坚持。引申开来，精神上的洗礼，品德上的修炼，思想上的改造又何尝不是这样呢？说到底，"苟日新，日日新，又日新"无论如何展示的就是一种革新的姿态，驱动人们弃旧图新。所以，你也可以把它刻在床头、案头，使它成为你的座右铭，由自身新而使人人日日新，坚持不懈地做下去，达到止于至善的地步。

4. 止而有定

【原文】

《诗》[1]云："邦畿千里，惟民所止[2]。"《诗》[3]云："缗蛮黄鸟，止于丘隅[4]。"子曰："于止[5]，知其[6]所止，可以人而不如鸟乎？"

《诗》[7]云："穆穆文王，於缉熙敬止[8]。"为人君，止于仁；为人臣，止于敬；为人子，止于孝；为人父，止于慈；与国人[9]交，止于信。

《诗》[10]云："瞻彼淇澳[11]，绿竹猗猗[12]！有斐[13]君子[14]，如切如磋[15]，如琢如磨[16]。瑟兮僩兮[17]，赫兮喧兮[18]。有斐君子，终不可諠[19]兮！"如切如磋者，道学[20]也；如琢如磨者，自修[21]也；瑟兮僩兮者，恂慄[22]也；赫兮喧兮者，威仪也；有斐君子，终不可諠兮者，道[23]盛德至善，民[24]之不能忘也。

《诗》[25]云："於戏[26]！前王[27]不忘。"君子[28]贤其贤[29]而亲其亲[30]，小人乐其乐[31]而利其利[32]，此以没世[33]不忘也。

【注释】

1.《诗》：指《诗经·商颂·玄鸟》篇。这是一首祭祀时唱的颂歌。

2. 邦畿千里，惟民所止：邦畿，都城及其周围的地区。止，有至、到、停止、居住、栖息等多种含义，随上下文而有所别。这里是居住的意思。

3.《诗》：指《诗经·小雅·绵蛮》篇。

4. 缗蛮黄鸟，止于丘隅：缗蛮，即绵蛮，鸟叫声。止，栖息。于，在。隅，山坡。这两句意在说明选择居处之必要。

5. 于止：进退居处。于，叹词，无意义。止，居处。

6. 其：它。指黄雀。

7.《诗》：指《诗经·大雅·文王》篇。

8. 穆穆文王，於缉熙敬止：穆穆，仪表美好端庄的样子。於，叹词。缉，继续。熙，光明。止，语助词，无意义。这两句意在说明止于至善。

9. 国人：西周、春秋时期居住在国都的人，与野人（居住在农村的人）相对。

10.《诗》：指《诗经·卫风·淇澳》篇。

11. 瞻彼淇澳：看那淇水岸边。瞻，看、瞧。淇，指淇水，在今河南北部。澳，水边。

12. 猗猗：修竹茂盛的样子。

13. 有斐：有，虚词，无意义。斐，文采。

14. 君子：指卫武公，曾为周天子的卿士。

15. 如切如磋：古代治骨器的不同方法。这里比喻治学的严谨。

16. 如琢如磨：古代治玉石器的不同方法。这里比喻修身应深刻精细。

17. 瑟兮僩兮：庄重威武的样子。瑟，庄重。僩，威严，武毅。

18. 赫兮喧兮：光明盛大。

19. 諠：忘记。

20. 道学：治学的功夫。

21. 自修：自我修养。

22. 恂慄：惶恐。引申为谦恭谨慎。

23. 道：说。

24. 民：人民。

25.《诗》：指《诗经·周颂·烈文》篇。

26. 於戏：叹词。

27. 前王：指周文王、周武王。

28. 君子：指后贤后王。

29. 贤其贤:前一个"贤"字为动词,重视。后一个"贤"字为名词,贤人。

30. 亲其亲:前一个"亲"字为动词,亲近。后一个"亲"字为名词,亲人。

31. 乐其乐:前一个"乐"字为动词,享受。后一个"乐"字为名词,安乐。

32. 利其利:前一个"利"字为动词,获得。后一个"利"字为名词,利益。

33. 没世：去世。

【释义】

《诗经》中说："京城及其周围,都是老百姓向往的地方。"《诗经》中又说："'绵蛮'叫着的黄雀,栖息在山冈上。"孔子说："连黄雀都知道它该栖息在什么地方,难道人反而不如一只鸟儿吗?"

《诗经》中说："品德高尚的文王啊,为人光明磊落,做事始终庄重谨慎。"做国君的,要做到仁爱;做臣子的,要做到恭敬;做子女的,要做到孝顺;做父亲的,要做到慈爱;与他人交往,要做到讲信用。

《诗经》中说："看那淇水弯弯的岸边,嫩绿的竹子郁郁葱葱。有位文质彬彬的君子,研究学问如加工骨器,不断切磋;修炼自己如打磨美玉,反复琢磨。他庄重威严,光明磊落。这样的一个文质彬彬的君子,真是令人难忘啊!"这里所说的"如切如磋",是指做学问的态度严谨;这里所说的"如琢如磨",是指自我修炼的精神认真精细;说他"瑟兮僩兮",是指他内心谨慎而有所戒惧;说他"赫兮喧兮",是指他仪容威严,为民作则;说"有斐君子,终不可諠兮"是指由于他品德非常高尚,达到了最完善的境界,所以使人难以忘怀。

《诗经》中说："啊,前代的君王的功德真使人难忘啊!"这是因为君主、贵族们能够以前代的君王为榜样,尊重贤人,亲近亲族,一般平民百姓也都蒙受恩泽,享受安乐,获得利益。所以,虽然前代君王已经去世,但人们还是永远不会忘记他们。

【导读】

这一章是《传》的第三章,发挥"在止于至善"的经义。四节环环相扣,层层深入。

第一节引用《诗经》和孔子的话,深入阐明"止于至善"的道理,教育人们不断追求达到"止于至善"的崇高境界,首先在于"知其所止",即知道你应该停在什么地方,其次才谈得上"止于至善"的问题:鸟儿尚且知道找一个栖息的林子,人怎么可以不知道自己应该落脚的地方呢?所以,"邦畿千里，惟民所止。"——大都市及其郊区古来就是人们向往而聚居的地方，这里用比喻义以"外在所止"寓指人的"内在所指"——阐明人在修己、治人时也应追求至善的精神境界，要达到这"至善"的境界。

第二节引用《诗经》，深入阐明做到"至善"作为"知其所止"的终极目标固然重要，不过更有现实启发意义的是"至善"的"具体表现"："为人君，止于仁；为人臣，止于敬；为人子，止于孝；为人父，止于慈；与国人交，止于信。"正所谓"殊途而同归"。

第三节引用《诗经》，举出榜样、树立典型，鼓励人不断自修，提高道德品质。虽不同的人有不同的努力方向，但殊途同归，最后要实现的，就是通过"如切如磋，如琢如磨"的研修而达到"盛德至善，民之不能忘也！"成为流芳百世的具有完善人格的人。

第四节引用《诗经》，赞前王至善至美的功业，鼓励和教育后世承泽而不忘，"故君子则贤其所贤，亲其所亲，小人则乐其所乐，利其所利"。

5. 处事务本

【原文】

子曰："听讼，吾犹人也，必也使无讼乎！"[1] 无情者不得尽其辞[2]，大畏民志[3]，此谓知本[4]。

【注释】

1. "子曰"句：引自《论语·颜渊》。听，处理，判断。讼，诉讼，争讼。听讼，听诉讼，即审案子。犹人，与别人一样。

2. 无情者不得尽其辞：使隐瞒真实情况的人不能够花言巧语。无情，情况不真实。

3. 大畏民志：畏，做动词，让……敬服。民志，民心，人心。

4. 本：根本。指明己明德而以德化民。

【释义】

孔子说："审理争讼，我也和别人一样，能断得曲直分明，目的在于使诉讼不再发生。"一定要使隐瞒真实情况的人不敢花言巧语，使他们畏惧人民的舆论，不敢争讼，这就叫抓住了根本。

【导读】

本章是《传》的第四章，以孔子谈诉讼的话来阐发"物有本末，事有终始"的道理，强调凡事都要抓住根本。审案的根本目的是使案子不再发生，说到底，是一个教化与治理的问题，教化是本，治理是末。正是由此出发，我们才能够理解《大学》强调以修身为本，齐家、治国、平天下都只是末的道理。本末的关系如此，终始的因果也一样。"物有本末，事有终始。"依哲学而论，"本末"是本体论，"终始"是方法论；"知所先后，则近道矣"则是前述两对关系的目的论寓指。

6. 格物致知

【原文】

"所谓致知在格物者，言欲致吾之知，在即物[1]而穷[2]其理也。盖人心之灵，莫不有知，而天下之物，莫不有理。惟于理有未穷[3]，故其知有不尽也。是以[4]《大学》始教，必始学者即凡天下之物，莫不因[5]其已知之理，而益[6]穷之，以求至乎其极。至于用力之久，而一旦豁然贯通[7]焉，则众物之表里精粗[8]无不到[9]；而吾心之全体大用[10]无不明矣。此谓物格，此谓知之至也。"

【注释】

1. 即物：接触事物。即，接近，接触。

2. 穷：穷究，彻底研究。

3. 未穷：未穷尽，未彻底。

4. 是以：所以，因此。

5. 因：依据，凭借。

6. 益，更加。

7. 豁然贯通：突然明白通达。豁然，开阔敞亮的样子。

8. 表里精粗：表，事物的表面现象。里，事物的内部联系。精，精微的道理。粗，粗浅的道理。

9. 到：达到。引申为理解、掌握。

10. 大用：大的功用。指体用功能。

【释义】

所谓获得知识的途径在于认识、研究万事万物，是指要想获得知识，就必须接触事物而彻底探索它的原理。人的心灵都具有认识能力，而天下万事万物都总有一定的原理，只不过因为这些原理还没有被彻底认识，所以使知识显得很有局限。因此，《大学》一开始就教学习者，要接触天下万事万物，用自己已有的知识去进一步探究，以彻底认识万事万物的原理。经过长期用功，一旦突然领悟，那么，一切事物的表面现象、内部联系和精微粗浅的道理没有不畅通的。而自己内心的一切认识能力都得到淋漓尽致的发挥，再也没有蔽塞。这就是所谓的明辨事物，这就叫达到了知识的顶点。

【导读】

本章阐明格物致知的道理，由于原文佚失，朱熹按程颢、程颐阐发的意思补写了内容，系统发挥此思想，正确地揭示了人类知识的来源和认知规律。格物致知，即通过对万事万物的认识、研究而获得知识，而不是从书本到书本地获得知识，亦即今天所谓的科学思维、科学精神、科学方法之谓。

"格物致知"在宋以后成为中国哲学中的一个重要范畴，到清朝末年，"格致"又成了对声光化电等自然科学部门的统称。鲁迅在《呐喊自序》里说："在这学堂里，我才知道在这世上，还有所谓格致，算学，地理，绘图和体操。"这说明"格物致知"的深刻影响。当下我们说到知识的获取时，仍离不开"格物致知"这一途径。这是因为"天下之物，莫不有理，惟于理未有穷，故其知有不尽也。"

7. 君子诚意

【原文】

所谓诚[1]其意[2]者，毋[3]自欺也。如恶恶臭[4]，如好好色[5]，此之谓自谦[6]。故君子必慎其独[7]也。

小人[8]闲居[9]为不善，无所不至[10]。见君子而后厌然[11]，掩[12]其不善，而著[13]其善。人之视己，如见其肺肝然，则何益矣? 此谓诚于中[14]，形于外[15]。故君子必慎其独也。

曾子曰："十[16]目所视，十手所指[17]，其严[18]乎!"

富[19]润屋[20]，德[21]润身[22]，心广体胖[23]。故君子必诚其意。

【注释】

1. 诚：使动词，使……诚实。

2. 其意：使意念真诚。意，意念。

3. 毋：不要。

4. 恶恶臭：厌恶腐臭的气味。臭，气味，较现代单指臭味的含义宽泛。前一个"恶"字作动词，厌恶，讨厌。后一个"恶"字为形容词，修饰臭。恶臭，即臭气。

5. 好好色：前一个"好"字作动词，喜爱。后一个"好"字为形容词，修饰色。好色：美色。

6. 谦（qiàn）：通"慊"，心安理得的样子。

7. 慎其独：在独自一人时也谨慎不苟。独，独处。处在单独无人之处。

8. 小人：指没有道德修养的人。

9. 闲居：即独处。

10. 无所不至：没有什么地方不到。引申为什么坏事都干得出来。

11. 厌然：躲躲闪闪的样子。

12. 揜：同"掩"。遮掩，掩盖。

13. 著：显示。

14. 诚于中：里面有实在的东西。诚，实在。这里指心中藏着恶念。

15. 形于外：显露在外面。形，动词，表现。

16. 十：虚数，指很多。

17. 指：用手指点。

18. 严：严厉。

19. 富：财富。

20. 润屋：装饰房屋。

21. 德：道德。

22. 润身：修养自身。

23. 心广体胖：心胸宽广，身体舒泰安康，胖，大，舒坦。

【释义】

所谓意要诚实，就是说不要自己欺骗自己。要像厌恶腐臭的气味一样，要像喜爱美色一样，一切都发自内心。所以，有道德修养的人必须在独处无人注意的时候，也要使自己的行为一丝不苟。

品德低下的人在私下里无恶不作，一见到品德高尚的人便躲躲闪闪，掩盖自己所做的坏事，装出一副善良的样子。但人们早把他们所做的坏事看得清清楚楚，就像能洞察他们的心肺肝脏一样，那么，掩盖有什么用呢？这就是说，内心的真实即便隐藏的恶念，一定会表现到外表上来。所以，有道德修养的人必须在独处无人注意时，也要使自己的行为一丝不苟。

曾子说："即使在独处的时候，有许多眼睛在注视着你，有许多手在指点着你，这是多么严厉的监督啊！"

财富可以装饰房屋，道德却可以修养身心，使心胸宽广而身体必舒泰安康。所以，有道德修养的人一定要使自己的意念真诚。

【导读】

本章是《传》的第六章,以四节的内容用比喻、正反对比,反复而释"诚意",本章是《大学》篇的枢要:因"诚意"上联"致知、格物",下启"正心、修身、齐家、治国、平天下",都从这里开始。

第一节阐述为学必须诚意的道理,而诚意必须从慎独开始,做到"不畏人知畏己知"。

这一节从正面来说要做到真诚,关键在于"慎其独":就是在一个人独处的时候也要谨慎,做到人前人后一个样;人前真诚,人后也真诚,一切都发自内心,而不是他人外加的"思想改造",外加的清规戒律。

第二节以"小人闲居为不善"作比喻,从反面阐述为学须诚意的道理。

这一节从反面来说,"若要人不知,除非己莫为。"自欺欺人,掩耳盗铃,总有东窗事发的一天。因而人要具有很高的自我修养,必须有高度的自觉性,时时处处来自我约束言行。

第三节引曾子的话,继续阐明诚意的必要性,申明上文"诚于中,形于外","如见肺肝然"的意思。

第四节用比喻的手法来说明诚意的必要性——比富润屋更重要的还是德润身。而要做到修养身心,还是要回到"君子必诚其意"这个起始点上。

8. 诚为人本

(1) 修身正心

【原文】

所谓修身,在正其心者。身[1]有所忿懥[2],则不得其正;有所恐惧,则不得其正;有所好乐[3],则不得其正;有所忧患,则不得其正。心不在焉[4],视而不见,听而不闻,食而不知其味。此谓修身,在正其心。

【注释】

1. 身:程颐认为应为"心",指内心。

2. 忿懥(zhì)：愤怒。

3. 好乐：爱好逸乐。

4. 焉，兼词，意即这里。

【释义】

所说的提高自身的品德修养，在于使心正不邪，这是因为：如果内心有愤怒，就不能够做到心正不邪；如果内心有恐惧，就不能够做到心正不邪；如果内心有喜好，就不能够做到心正不邪；如果内心有忧虑，就不能够做到心正不邪。思想不集中，虽然在看，但却像没有看见一样；虽然在听，但却像没有听见一样；虽然在吃东西，但却一点也不知道食物是什么滋味。这就是说提高自身的品德修养在于使心正不邪。

【导读】

本章是《传》的第七章，承上而启下，阐明修身的关键在于正心，这是诚意之后的进修阶梯。

诚意是意念真诚，不自欺欺人。但仅仅有诚意还不行，还要注意诚意不能被喜、怒、哀、乐、惧等情感支配役使，成为感情的奴隶而失去控制。所以，在"诚其意"之后，还必须要"正其心"，也就是要以端正的理智来驾驭感情，进行调节，以保持中正平和的心态，集中精神修养品性，从而做到情理和谐地修身养性。

也就是说，修身在正其心，不外乎是要心思端正，不要三心二意，不要为情所牵，"心不在焉，视而不见，听而不闻，食而不知其味"。但应注意理与情，正心和诚意不是绝对对立、互不相容的。

（2）修身齐家

【原文】

所谓齐[1]其家，在修其身者。人之[2]其所亲爱而辟[3]焉，之其所贱恶[4]而辟焉，之其所畏敬而辟焉，之其所哀矜[5]而辟焉，之其所敖惰[6]而辟焉。故好而知其恶，恶而知其美者，天下鲜[7]矣！故谚有之曰："人[8]莫知其子之恶，莫知其苗之硕⁹。"此谓身不修，不可以齐其家。

【注释】

1. 齐：整顿。

2. 之：即"于"，对于。

3. 辟：偏颇，偏向。

4. 贱恶：指所鄙视和厌恶的人。

5. 哀矜：同情，怜悯。

6. 敖惰：简慢怠惰。敖，骄傲。惰：怠慢。

7. 鲜：少有。

8. 人：指溺爱子女的人。后一句省略主语"人"，按文意应指爱庄稼的农民。

9. 硕：大，肥壮。这里是茂盛的意思。

【释义】

所谓整顿好家庭，就在于提高自身品德修养。这是因为：人们对于自己亲近的人会有过分亲近偏爱；对于自己厌恶的人会有过分厌恶的偏恨；对于自己敬畏的人会有过分敬畏的偏向；对于自己同情的人会有过分怜悯的偏向；对于自己轻视的人会有过分怠慢的偏向。因此，很少有人能喜爱一个人又看到那人的缺点，厌恶一个人又看到那人的优点。这样的人天下少有啊！所以有谚语说："人都不知道自己孩子的缺点，人都不知道自己庄稼长得壮硕。"这就是说，不提高自身的品德修养，就不能整顿好自己的家庭。

【导读】

本章是《传》的第八章，主要言及修养自身的关键是克服感情上的偏私：正己，然后正人、治家。否则身之不修，何以治家？

儒学的进修阶梯由内向外展开，这里是中间过渡的一环。在此之前的格物、致知、诚意、正心都在个体自身进行，在此之后的齐家、治国、平天下开始处理人与人之间的关系，从家庭走向社会，从独善其身转向兼善天下。当然，其程序仍然是由内逐步外推：首先是与自身密切相关的家庭和家族，然后才依次是国家、天下。

正因为首先是与自身密切相关的家，所以才有一个首当其冲的克服感情偏私的问题。如果你不排除偏私之见，如：看不到自己孩子的缺点、自己种的禾苗总嫌长得还不够茂盛、疑人偷斧等等。所以必须修身正己以正人，才能管理好这个你所拥有的天堂和乐园，齐一其心，和其家政。

（3）齐家治国

【原文】

所谓治国，必先齐其家者，其家不可教[1]而能教人者无[2]之。故君子[3]不出家而成教于国[4]。孝者，所以事君[5]也；弟[6]者，所以事长也；慈[7]者，所以使众也。《康诰》曰："如保赤子[8]。"心诚求之[9]，虽不中[10]，不远矣，未有学养子而后嫁者也。

一家仁[11]，一国兴[12]仁；一家让[13]，一国兴让；一人贪戾[14]，一国作乱[15]。其机[16]如此。此谓一言偾事[17]，一人定国。尧、舜[18]帅天下以仁，而民从之。桀、纣[19]帅天下以暴，而民从之。其所令，反[20]其所好，而民不从。是故君子有诸己[21]而后求诸人；无诸己，而后非诸人。所藏乎身不恕[22]，而能喻[23]诸人者，未之有也。故治国在齐其家。

《诗》[24]云："桃之夭夭[25]，其叶蓁蓁[26]。之[27]子[28]于归[29]，宜其家人[30]。"宜其家人，而后可以教[31]国人。《诗》[32]云："宜兄宜弟[33]。"宜兄宜弟，而后可以教国人。《诗》[34]云："其仪不忒[35]，正是四国[36]。"其为父子兄弟足法[37]，而后民法[38]之也。此谓治国，在齐其家。

【注释】

1. 教：教育、教化。

2. 无：没有。

3. 君子：有道德修养的人。这里指治国者。

4. 成教于国：在国家内完成对人民的教化任务。于，在，介词。

5. 事君：侍奉君主。

6. 弟：通"悌"，恭敬兄长。

7. 慈：慈爱。

8. 如保赤子：《尚书·周书·康诰》原文作"若保赤子"。这是周成王告诫康叔的话，意思是保护平民百姓如母亲养护婴孩一样。赤子，初生的婴儿。

9. 之：代词，指代保护赤子之心。

10. 中：达到目标。

11. 仁：仁义、仁德。

12. 兴：兴盛、兴起。引申为崇尚、追求。

13. 让：谦让、逊让。

14. 贪戾：贪婪、暴虐。

15. 乱：混乱、扰乱。指犯上作乱。

16. 机：本指箭弩上的发动机关，引申为作用。

17. 偾事：败事。

18. 尧舜：传说中父系氏族社会后期部落联盟的两位领袖，即尧帝和舜帝，历来被认为是圣君的代表。

19. 桀纣：桀，夏代最后一位君主。纣，即殷纣王，商代最后一位君主。二人历来被认为是暴君的代表。

20. 反：违反、违背。

21. 有诸己：为使自己所有的。指自己有了善的品德。诸，"之于"的合音，通之。

22. 恕：即恕道。孔子说："己所不欲，勿施于人。"意思是说，自己不想做的，也不要让别人去做，这种推己及人，将心比己的品德就是儒学所倡导的恕道。

23. 喻：使别人明白；晓谕、开导。

24. 《诗》：指《诗经·周南·桃夭》篇，这是一首祝贺女子出嫁及时的歌。

25. 夭夭：鲜嫩，美丽。以桃花比喻少女风华正茂。

26. 蓁蓁：茂盛的样子。

27. 之：这个。

28. 子：女子。

29. 于归：指女子出嫁。

30. 宜其家人：适宜于她的家人，即使夫家和睦相亲。宜，和顺。

31. 教：教育、教化。

32.《诗》：指《诗经·小雅·蓼萧》篇，这是一首谢恩祝福之歌。

33. 宜兄宜弟：指兄弟之间和睦。

34.《诗》：指《诗经·曹风·鸤鸠》篇，这是一首形为夸美而实为讽刺曹国国君之诗。

35. 其仪不忒：他的仪容没有差错。忒，差错。

36. 正是四国：可领导四方各国。

37. 足法：足以为人们效法。

38. 法：效法、学习。

【释义】

　　所谓治理好国家，必须首先整顿好家庭，意思是说，如果连家人都不能管教好而能管教好别人的人，是没有的。所以，有修养的人只要提高了自身的品德修养，整顿好自己的家庭，就是不出门，也能完成对国人的教化。因为对父母孝顺的道理就是侍奉君主的道理；对兄长恭敬的道理就是侍奉尊长的道理；对子女慈爱的道理就是用来对待民众的道理。《康诰》中说："如同爱护婴儿一样。"内心真诚地去追求，即使达不到目标，也不会相差太远。爱子之心人人都有，要知道，没有先见过女子学会了养孩子再去出嫁的啊。

　　国君一家仁爱，一国也会兴起仁爱；国君一家礼让，一国也会兴起礼让；国君一人贪婪暴戾，一国之民就会犯上作乱。国君的所作所为的作用竟是这样重要。这就叫作：国君一句话就会败坏整个事业，一个人就能安定整个国家。

　　尧舜用仁爱统治天下，老百姓就跟随着仁爱；夏桀商纣用凶暴统治天下，老百姓就跟随着施暴。统治者的命令与自己的实际做法相反，老百姓是不会服从的。所以，品德高尚的君子，总是自己先做到，然后才要求别人做到；

自己先不这样做，然后才要求别人不这样做。不采取这种推己及人的恕道而想让别人按自己的意思去做，那是不可能的。所以，要治理好国家必须先整顿好自己的家庭和家族。

《诗经》中说："桃花鲜美，树叶茂密。这个姑娘出嫁了，她会使全家人都和睦。"让全家人都和睦，然后才能够让一国的人都和睦。《诗经》中说："兄弟和睦。"兄弟和睦了，然后才能够让一国的人都和睦。《诗经》中说："容貌举止庄重严肃，成为四方国家的表率。"只有当一个人无论是作为父亲、儿子，还是兄长、弟弟都值得人效法时，老百姓才会去效法他。这就是要治理国家必须先整顿好家庭和家族的道理。

【导读】

本章是《传》的第九章，分三节论述治国在于齐家的道理。论述间层层递进，回环往复，其味深长。

第一节论述治家和治国的一致性。其中论述了治国必先齐家；君主应存慈爱之心、体察民众之情、舒民众之疾苦，达到治理国家的目的；治国并无成法等之理。

国家，仅从语词关系看，国和家的关系就是紧紧相连，密不可分；尤其是在以家族为中心的宗法制时代，家是一个小小的王国，家长就是它的国王；国是一个大大的家，国王就是它的家长。因此，无论是国王还是家长，都有生杀予夺的至高权力；因此，有君君、臣臣、父父、子子的规范贯穿国与家；也正因为如此，我们才能理解"治国必先齐其家"。现代社会中君君、臣臣、父父、子子的规范已成为过去，就是孝、悌观念也日渐式微，丧失了"君子不出家而成教于国"的基本条件。而且，"其家不可教而能教人者"的现象也不是"无之"，而是不难见到了，比如说，一个优秀教师教不好自己的子女，一些当政官员的孩子以身试法等等。这类事情屡见不鲜，很是令人深思。

第二节继续论述齐家与治国的一致性，侧重于君主的表率作用。其中言明了治家与治国的关系，上行而下效；同时举例论证了君主的表率作用。

《大学》的这一节反复强调以身作则，要求"君子有诸己而后求诸人，无诸己而后非诸人",指出"其所令反其所好,而民不从","所藏乎身不恕,而能喻诸人者,未之有也。"……这些思想却并不因为社会时代的变迁而失去光彩。它既是对"欲治其国者"的告诫,值得推荐给当代人作为座右铭;也是对儒学"恕道"原则的阐发,可广泛应用于生活的各个方面,作为我们立身处世,待人接物的有益参照。

第三节中三引《诗》来进一步阐明治国在齐家的道理,助人加深理解、品味。

(4) 治国平天下

【原文】

所谓平天下,在治其国者,上老老[1]而民兴孝;上长长[2]而民兴弟;上恤孤[3]而民不倍[4]。是以君子有絜矩之道[5]也。

所[6]恶于上,毋以使下;所恶于下,毋以事上;所恶于前,毋以先后;所恶于后,毋以从前;所恶于右,毋以交[7]于左;所恶于左,毋以交于右。此之谓絜矩之道。

《诗》[8]云:"乐只[9]君子,民之父母。"民之所好好[10]之;民之所恶恶[11]之。此之谓民之父母。

《诗》[12]云:"节[13]彼[14]南山,维[15]石岩岩[16]。赫赫[17]师尹[18],民具[19]尔瞻[20]。"有国者[21]不可以不慎,辟[22]则为天下僇[23]矣。

《诗》[24]云:"殷之未丧师[25],克配[26]上帝。仪监[27]于殷,峻命不易[28]"。道得众,则得国,失众,则失国。

是故君子先慎乎德。有德此有人,有人此有土,有土此有财,有财此有用。德者,本也;财者,末也。外本内末,争民施夺[29]。是故财聚则民散,财散则民聚。是故言悖[30]而出者,亦悖而入;货悖[31]而入者,亦悖而出。

《康诰》曰:"惟命不于常[32]。"道善则得之,不善则失之矣。《楚书》曰:"楚国无以为宝,惟善以为宝"舅犯[33]曰:"亡人[34]无以为宝,仁亲以为宝。"

《秦誓》[35]曰:"若有一个臣,断断[36]兮,无他技。其心休休[37]焉,其如有容[38]焉。人之有技,若己有之。人之彦圣[39],其心好之,不啻[40]若自其口出,寔能容之,以能保我子孙黎民,亦尚有利哉!人之有技,媢疾[41]

以恶之。人之彦圣，而违之俾 ⁴² 不通，寔不能容，以不能保我子孙黎民，亦曰殆哉！"

唯仁人，放流 ⁴³ 之，迸诸四夷 ⁴⁴，不与同中国 ⁴⁵。此谓"唯仁人，为能爱人，能恶人"。

见贤而不能举，举而不能先，命 ⁴⁶ 也。见不善而不能退，退而不能远，过也。好人之所恶，恶人之所好，是谓拂 ⁴⁷ 人之性，菑必逮 ⁴⁸ 夫 ⁴⁹ 身。

是故君子有大道，必忠信以得之，骄泰 ⁵⁰ 以失之。生财有大道：生之者众，食之者 ⁵¹ 寡，为之者 ⁵² 疾，用之者舒 ⁵³，则财恒足矣！

仁者以 ⁵⁴ 财发身，不仁者以身 ⁵⁵ 发财。未有上好仁，而下不好义者也；未有好义，其事 ⁵⁶ 不终者也；未有府库 ⁵⁷ 财，非其财者也。

孟献子 ⁵⁸ 曰："畜马乘 ⁵⁹，不察 ⁶⁰ 于鸡豚 ⁶¹；伐冰之家 ⁶²，不畜牛羊；百乘之家 ⁶³，不畜聚敛之臣 ⁶⁴，与其有聚敛之臣，宁有盗臣 ⁶⁵。"此谓国不以利 ⁶⁶ 为利，以义为利 ⁶⁷ 也。

长 ⁶⁸ 国家而务财用者，必自小人矣。彼为善之，小人之使为国家，菑害并至，虽有善者，亦无如之何 ⁶⁹ 矣。此谓国不以利为利，以义为利也。

【注释】

1. 老老：尊敬老人。前一个"老"字作动词，尊敬、尊重。后一个"老"字为名词，老人。意思是把老人当作老人看待。

2. 长长：尊重长辈。前一个"长"字作动词，尊敬、尊重。后一个"长"字为名词，长辈、兄长。意思是把长辈当作长辈看待。

3. 恤孤：体恤哀怜孤独无依的人。恤，体恤，周济。孤，孤儿，古时候专指幼年丧失父亲的人。

4. 倍：通"背"，背弃。

5. 絜矩之道：儒家伦理思想之一，指一言一行要有示范作用。絜，量度。矩，画直角或方形用的尺子，引申为法度，规则。

6. 所：如果。连词，表示假设。

7. 交：加给，施加。

8. 《诗》：指《诗经·小雅·南山有台》篇。这是一首歌颂乐得贤才之诗。

9.乐只：乐，快乐，喜悦。只，语助词。

10.好好：喜爱。

11.恶恶：厌恶。

12.《诗》：指《诗经·小雅·节南山》篇。这是一首讥讽周天子执政太师尹为政不平、大失民望之诗。

13.节：高峻、雄伟。

14.彼：那、他。

15.维：发语词，无意义。

16.岩岩：险峻的样子。

17.赫赫：显耀光明的样子，引申为权势显赫。

18.师尹：太师尹氏，太师是周代的三公之一。

19.具：都。

20.尔瞻：望着您。瞻，这里有注视之意。

21.有国者：掌握国家命运的人。

22.辟：偏差。

23.僇：通"戮"，杀戮。引申为推翻。

24.《诗》：指《诗经·大雅·文王》篇。这是一首歌颂文王受天命建立周朝之诗。

25.丧师：失去众人。引申为失去民心。

26.克配：能够配合。克，能够。配，配合。引申为符合、秉承。

27.仪监：引申为借鉴。仪，宜。监，鉴戒。

28.峻命不易：获得上天的大命不容易。峻，大。不易，指不容易保有。

29.争民施夺：争利于民。争民，与民争利。施夺，施行劫夺。

30.言悖：违背情理的语言。悖，通"背"，违背。

31.货悖：用不合理的手段聚敛财货。

32.不于常：没有一定常规。于，语助词，无意义。

33.舅犯：晋文公重耳之舅。

34.亡人：流亡在外的人。晋文公自称。

35.《秦誓》：《尚书》中的一篇。这里所引的话是秦穆公从痛苦的教训中总结出来的用人经验。

36. 断断：真诚的样子。

37. 休休：宽宏大量。

38. 有容：能够容人。

39. 彦圣：指德才兼备。彦，美。圣，明。

40. 不啻：不但。

41. 媢疾：妒嫉。

42. 俾：使。

43. 放流：流放。

44. 四夷：古代泛指我国边境的少数民族，东夷、西戎、南蛮、北狄，谓之四夷。

45. 中国：古代指汉族居住的中原地区，与"中土"、"中原"、"中州"等含义同。与现代的"中国"意义不一样。

46. 命：东汉郑玄认为应该是"慢"字之误。慢即轻慢、怠慢。

47. 拂：逆，违背。

48. 逮：及、到。

49. 夫：助词。

50. 骄泰：骄横放纵。

51. 食之者：消费者。

52. 为之者：直接的生产劳动者。

53. 舒：舒缓。引申为节用。

54. 以：用，凭借。

55. 身：自身。指自身权利。

56. 事：事业。

57. 府库：国家贮藏财物的地方。

58. 孟献子：鲁国大夫，姓仲孙名蔑。

59. 畜马乘：是士人初做大夫官的待遇。畜，养，做动作词，引申为拥有。乘：指用四匹马拉的车。

60. 察：关注。引申为计较。

61. 豚：小猪。这里指猪。

62. 伐冰之家：指丧祭时能用冰保存遗体的人家。是卿大夫类大官的待遇。伐：凿。

63. 百乘之家：指诸侯之下的大夫，有封邑，可出兵车百辆。

64. 聚敛之臣：搜刮钱财的家臣。聚，聚集。敛，征收。

65. 盗臣：盗窃府库财物的家臣。

66. 利：财富。

67. 利：利益。

68. 长：成为国家之长，指君王。

69. 无如之何：没有办法。

【释义】

所谓要使天下太平在于治理好自己的国家，是因为国君尊敬老人，老百姓就会孝顺自己的父母，国君尊重长辈，老百姓就会尊重自己的兄长；国君体恤救济孤儿，老百姓也会同样跟着去做。所以，品德高尚的人总是会以身作则，推己及人，在道德上起示范作用。

如果厌恶上司对你的某种行为，就不要用这种行为去对待你的下属；如果厌恶下属对你的某种行为，就不要用这种行为去对待你的上司；如果厌恶在你前面的人对你的某种行为，就不要用这种行为去对待在你后面的人；如果厌恶在你后面的人对你的某种行为，就不要用这种行为去对待在你前面的人；如果厌恶在你右边的人对你的某种行为，就不要用这种行为去对待在你左边的人；如果厌恶在你左边的人对你的某种行为，就不要用这种行为去对待在你右边的人。这就是所说的道德上的示范作用。

《诗经》中说："使人心悦诚服的国君啊，您是老百姓的父母。"老百姓喜欢的您也喜欢，老百姓厌恶的您也厌恶，这样的国君才能称为老百姓的父母。

《诗经》中说："巍峨的南山啊，岩石耸立。显赫的尹太师啊，百姓都仰望你。"由此可见，统治国家的人不可不谨慎，稍有偏差，就会被天下人所推翻。

《诗经》中说："殷朝没有丧失民心的时候，还是能够与上天的要求相符的。请用殷朝做个失败的借鉴吧，守住天命并不是一件容易的事。"这就是说，得到民心就能得到国家，失去民心就会失去国家。

所以，品德高尚的人首先注重修养德行。有德行才会有人拥护，有人拥护才能保有国土，有了国土才会有财富，有财富才能供给使用。道德像是树的根本，财富是树的枝末。假如把根本当成了外在的东西，却把枝末当成了内在的根本，那就会和老百姓争夺利益。所以，国君聚财敛货，民心就会失散；君王散财于民，民心就会聚在一起。这正如：你说话不讲道理，人家也会用不讲道理的话来回答你；用违背道理的手段聚敛来的财富，总有一天也会不合情理地失去。

《康诰》中说："天命的去留没有常规。"这就是说，有好的道德便会得到天命，没有好的道德便会失去天命。《楚书》中说："楚国没有什么是宝，只是把善当作宝。"舅犯说："流亡在外的人没有什么是宝，只是把仁爱亲人当作宝。"

《秦誓》中说："如果有这样一位大臣，忠诚老实，虽然没有什么特别的本领，但他心胸宽广，有容人的肚量，别人有本领，就如同他自己有一样；别人德才兼备，他心悦诚服，不只是在口头上表示，而是打心眼里赞赏。这种胸怀宽广的人如果加以重用，是完全可以保住我的子孙后代和百姓的幸福的。相反，如果别人有本领，他就嫉妒、厌恶；别人德才兼备，他便想方设法压制、排挤，无论如何容忍不得。这种人如果被重用，不仅不能保护我的子孙和百姓，而且可以说国家就危险了！"

因此，有仁德的人会把这种容不得人的人流放，把他们驱逐到边远的四夷之地去，不让他们同住在国中。这说明，有德的人爱憎分明。

发现贤才而不能选拔，选拔了而不能重用，这是以轻慢的态度对待贤人。发现恶人而不能罢免，罢免了而不能把他驱逐得远远的，这是过错。喜欢众人所厌恶的，厌恶众人所喜欢的，这是违背人的本性，这样灾难必定要落到自己身上。

所以，做国君的应掌握为政以德的重大原则。在政治上依靠忠诚信义，便会获得天下；骄奢放纵，便会失去天下。在经济上也有重大原则：生产的人多，消费的人少；生产的人勤奋，消费的人舒缓有节。这样，国家的财富便会保持充裕。

仁爱的人仗义疏财以修养自身的德行，使王业兴盛，不仁的人不惜以生命为代价去敛钱发财，从而失去民心。没有听说过在上位的人喜爱仁德，而在下位的人却不喜爱忠义的；没有听说过喜爱忠义而做事不获成功的；没有听说过人民爱好道义而国库里的财物不是属于国君的事。

孟献子说："拥有四匹马拉车的士大夫之家，就不应去关心养鸡养猪的琐事。祭祀用冰的卿大夫家，就不要再去养牛养羊来追求财利；拥有一百辆兵车的诸侯之家，就不要去豢养那些热衷于聚敛财富的家臣。与其有搜刮民财的家臣，不如有盗窃府库之财的家臣。"这意思是说，一个国家不应该以聚敛财富为有利，而应该以追求仁义为有利。

做了国君却还一心想着聚敛财富，这必然是从重用奸佞小人开始的，而国君即使心存善良，但用小人去治理国家，结果是天灾人祸接踵而至。这时虽有贤能的人出来挽救，却也无可奈何了。所以，治理国家不应该以聚敛财富为利，而应该以追求仁义为有利。

【导读】

这是《大学》的最后一章，具有结尾的性质。全章在阐释"平天下在治其国"的主题下，具体展开了如下几方面的内容：①君子有絜矩之道。②民心的重要：得众则得国，失众则失国。③德行的重要：德本财末。④用人的问题：唯仁人能爱人，能恶人。⑤利与义的问题：国不以利为利，以义为利。

所谓"絜矩之道"，是与前一章所强调的"恕道"一脉相承。如果说，"恕道"重点强调的是"己所不欲，勿施于人"的将心比己方面，那么，"絜矩之道"则是重在强调度己度人的以身作则的示范作用方面。如孔子对季康子说："当政者的德行好比是风，老百姓的德行好比是草，只要风吹草上，草必然随风倒伏。"再如禹以仁爱之心教化人民而成为后人传颂的圣君，都说明世道人心，上行下效之理。关键是看你说什么，提倡什么，做什么。榜样的力量是无穷的，领袖的力量更是不可估量的。所以，当政治国的人必须要有"絜矩之道"。

关于民心的重要性，已经是古往今来都勿庸置疑的了。水能载舟，也能覆舟。虽然道理勿庸置疑，但纵观历史，往往是当局者迷，旁观者清。所以，才会有王朝的更迭，身死国灭而为天下笑，当政者"为天下僇"。因此君主欲平天下，长治久安，则应从民所欲，体念民心，为民父母。

德行是儒学反复记述、强调的中心问题之一。把德与财对举起来进行比较，提出"德本财末"的思想，尽管从儒学的全部治国方略来看，也有"先富后教"、"有恒产者有恒心"等强调经济基础的思想，但总的说来，重精神而轻物质，崇德而抑财的倾向仍是非常突出的。文中引《康诰》、《楚书》、舅犯的话申述德本财末，以德治国，以善为宝的道理，值得深省品味。

正因为"德本财末"，德行对于治国平天下有第一位的重要作用，所以就牵涉到一个用人的问题。在用人的问题上，同样是品德第一，才能第二。对于这一点，《大学》不厌其烦地引述了《尚书·秦誓》里的一大段话，说明一个人即使没有什么才能，但只要心胸宽广能容人，"宰相肚里能撑船"，便可以重用。相反，即使你非常有才能，但如果你嫉贤妒能，容不得人，也是危害无穷，不能任用的。所以，"唯仁人，为能爱人，能恶人"。当政治国的人必须要有识别人才的本领：进用贤人，斥退嫉贤妒能的小人，以保国运绵长，国家兴盛。

与"德本财末"密切相关的另一对范畴便是"利"与"义"的问题。为了阐述"利"与"义"的关系问题，《大学》提出了"生财有大道"的看法，即生产的人多，消费的人少；生产的人勤奋，消费的人节省。这是一段很富于经济学色彩的论述，浅显易懂而毋庸置疑。值得我们注意的倒是下面的两句话："仁者以财发身，不仁者以身发财"，"以财发身"的人把财产看作身外之物，所以能仗义疏财以修养自身的德行，就像著名的列夫·托尔斯泰那样，解散农奴，实行自身禁欲，以实现良心与道德的自我完善；"以身发财"的人爱财如命，奉行"人为财死，鸟为食亡"的原则，不惜以生命为代价去敛钱发财。所以，还是做仁者"以财发身"好，应以义为利，不应以利为利。

总之，这一章收束《大学》全篇，内容丰富，包含了儒学的不少重要思想。我们将会看到，这些思想在《中庸》中还有反复的论述和展开。

二 《中庸》

（一）简介

1.《中庸》之成书

《中庸》是《礼记》的第三十一篇,因本篇主要内容是讲中庸之道,故名。

郑玄《目录》曰:"名曰'中庸'者,以其记中和之为用也。庸,用也。孔子之孙子思伋作之,以昭明圣祖之德。此于《别录》属通论。"[1]

《中庸》与《大学》一样,是"四书"中很重要的一部作品,自汉以后,《中庸》的作者及成书年代就一直是人们争议的焦点,迄今无定论。综述各家之言,关于《中庸》成书之说主要有以下三种观点:《中庸》是战国时期作品,成书年代早于孟荀,由子思所作说;《中庸》成书于秦汉之际,是对孟子学说的发挥,是秦汉时孟子一派儒者所作说;《中庸》成书于秦汉之际,作者不能仅局限于具体的哪一个学派,从其思想内容看,表现了秦汉之际过渡时期思想的混合倾向说,即认为《中庸》由两部分构成,一部分是子思所作,一部分是战国秦汉之际儒家学者增益而成。

而其中认为是子思作《中庸》的这种传统观点,或由于其提出时间早(司马迁、郑玄),或由于其学术地位高(二程、朱熹),宋代以前并没有什么异议,直到"疑经"、"改经"成为热潮的宋代,"欧阳修认为'自诚明'、'不勉而中、不思而得'等语'异乎圣人',对传统观点提出挑战,揭开了《中庸》作者

---

[1]《十三经注疏》整理委员会整理, 李学勤主编.十三经注疏·礼记正文（上、中、下）[M].北京: 北京大学出版社, 1999: 1422.

问题争论的序幕。"[1] 南宋的叶适、清人崔述等都提出了疑点,坚定地认为《中庸》必非子思所作。而今人冯友兰、钱穆、劳思光等亦从文献、思想等方面论证《中庸》非子思所作。综述各方所陈理由、观点,现认为《中庸》大部分为子思作品,后一部分大约"成于秦始皇统一六国之后"[2];冯友兰先生也认为《中庸》二十章之前似出于子思之手,而后面章节则为秦汉之际学者所发挥添加,是由多人最后增益而成。由此来看,《中庸》的成书年代应确定为战国后期或秦汉之际,大约与《大学》的成书年代相同,最终成书应在汉之时。理由有三条:

第一,从思想的继承性上来看,《中庸》前二十章多述引孔子之言,主要是解释"中庸"的内涵及其要旨,并着重讲了知、仁、勇三个方面的问题。这些论述在《论语》里也有类似的论说,这些相类似的部分可表明《中庸》作者对孔子思想的继承关系。而在《中庸》的二十章之后,虽也有部分说法与孔子相同,"但《中庸》后半部分多讲'诚'之道,这个范畴是孔子所未涉及到的,作为孔子的继承者子思也不可能在短时间内创设这一概念并加以详细而严密的论证解释,显然后一部分并非子思所作,也不可能是子思或孟子门人在战国时所添加。因此,《中庸》后一部分出自秦汉学者之手便有了可靠的依据。"[3]

第二,从《中庸》的行文方式来看,《中庸》的前半部分文体类似《论语》的记言体,且多引孔子之语,表明了《中庸》此部分出于子思之手或其门人之手是可能的。而《中庸》的后半部分无论从文体上,还是从文风上,都与前相异,是典型的论著体。由此可以推断《中庸》是由两部分构成,后一部分大约成书于战国末期或秦汉之际。

第三,从政治、经济制度的层面来看,《中庸》也当成书在秦汉之时。《中庸》有言:"非天子,不议礼,不制度,不考文。今天下车同轨,书同文,行同伦。"二十章的部分可能出自子思,后一部分则可能出自多位儒家学者之手,经一人最终编定而成。"[4]

我们今天所看到的《中庸》是《礼记》中保存的经后人重新编辑、改

[1]邹憬.《中庸》成书公案与今本《中庸》的流传与升格[D].曲阜师范大学硕士学位论文,2008:2.
[2]蒋伯潜.诸子通考[M].杭州:浙江古籍出版社,1985:336.
[3]王杰.儒家文化的人学视野[M].北京:中共中央党校出版社,2000:250—251.
[4]王杰.儒家文化的人学视野[M].北京:中共中央党校出版社,2000:252.

造过的版本。无论其作者是谁，正是这部《中庸》从汉代开始在中国历史上流传了千年，并在宋代经朱熹几番修改后，于1182年将《中庸章句》与《大学章句》、《论语集注》、《孟子集注》集为一编刊刻成书，即《四书集注》，获得儒家经典地位。在其"四书"体系中，朱熹认为《中庸》是读书人不可不读且必须用功钻研的一部经典。宋代以后，《中庸》随其他"四书"被推崇到"五经"的地位之上，元代时《四书章句集注》被钦定为科举出题用书，明清之际科举考试也仍未走出其桎梏。《中庸》作为"四书"之一，成为传统社会后期统治的理论教条和社会准则。

2.《中庸》之篇章结构

今本《中庸》全文三千五百四十四字，主要论述的是君子的修养之道和人生哲学。按照朱子理解，把握《中庸》篇章结构的要点，在于明确哪些是子思说的，哪些是孔子说的。《中庸》传的是自上古大圣以来的儒家道统心法，第一章"天命之谓性"是总纲，但这个总纲却是子思表述出来的，并不是孔子原话。此下第十二章"君子之道费而隐"和第二十一章"自诚明谓之性"都是每个部分的纲领，但恰恰也都是子思说的。而引用的绝大部分孔子的原话，反而是用来解释、例证这些纲领的。也就是说，如果援用"经—传"的结构来理解，《中庸》里具有"经"的地位的话，都是子思说的；而孔子的话反而只有"传"的地位。为什么会产生这样颠倒的经传结构？原因在于：在《中庸》里，子思说的一部分话不是他自己说的话，而是把儒家道统心法笔之于书，而这个心法在此前只是口传的，孔子传曾子，曾子再传子思，或者孔子直接传子思。这个心法里不仅包含孔子的权威，还包含尧舜禹汤文武周公的权威，而《中庸》里所引孔子的话，虽然是圣人言，但相比较而言只是圣人平常的话，因此权威性反不及子思所述。

3.《中庸》之版本流传

关于《中庸》的研究、流传，主要分这样几个阶段：

（1）两汉至宋代以前的流传：在两汉时期《中庸》原是《小戴礼记》中的第31篇，汉代虽有学者对《礼记》进行注释，但很少有人单独对《中庸》进行相关工作，只在《汉书·艺文志》中载有对《中庸》"解诂"的《中庸说》两篇。到了魏晋南北朝时期，刘劭的《人物志》中把"中庸"列为最完美之"情性"和"才性"，体现了儒道之学的互相渗透与补充；其时还出现了单行本，如南朝戴颙的《〈礼记·中庸〉传》二卷、梁武帝亲作的《中庸讲疏》一卷及其臣子修《私记制旨中庸义》五卷，这成为沟通其时儒佛的桥梁。至唐代，有韩愈的弟子李翱所撰的《中庸说》一卷（已失传）；还有柳宗元、刘禹锡对中庸思想的提倡和发挥，这对后世都有极大的影响，自此《中庸》才开始受到越来越多的学者的重视和提倡，是宋儒尊道统，重《中庸》的先声。

（2）在宋代经典地位的形成：宋代形成了以儒学为主体，同时吸收佛道思想的宋明理学，《中庸》作为一部以言性命之理为中心的儒家经典，成为沟通儒释道三家的重要工具，受到前所未有的重视。其间契嵩著有《中庸解》五篇、盛乔纂集的《胡先生中庸义》一卷（已不存）、司马光的《大学中庸广义》一卷（已失传）、张载在《正蒙》中写有《诚明篇》、《中正篇》来阐述《中庸》的"诚明"和"性与天道"的关系，还有程颐曾作《中庸解》、袁甫的《中庸详说》二卷等二十多部作品，最为重要的当属朱熹的"四书"体系，使得《中庸》在1212年，随朱熹的《四书集注》被列为国学，"四书"的官方地位被确立，《中庸》正式升格为儒家经典。在宋真宗年间，《中庸》一书的内容成为科举考试的试题，从此《大学》与《中庸》轮流"间赐"成为定制，统治者对《中庸》的重视，极大地刺激了众多儒生士大夫对《中庸》的深入研究和推崇。

（3）在元、明、清的流传及发展：宋代之后，《中庸》以及其他"四书"权威地位日益上升，被推崇到"五经"的地位之上。元明清时期主要作品有：元齐履谦的《中庸章句续解》一卷；明夏良胜的《中庸衍义》十七卷、湛若水的《中庸测》一卷、吴应宾的《中庸释论》十二卷、夏尚朴的《中庸语》；清李光地的《中庸章段》一卷和《中庸余论》一卷、惠栋的《中庸注》一卷、王夫之的《中庸衍》、戴震的《中庸补注》一卷、杨名时的《中庸讲义》

一卷、王澍的《大学中庸本义》三卷和《中庸困学录》一卷（附大学困学录）等30余部，足见其作为综括道德性命之学的儒家典籍的地位和影响。

（4）近现代的研究情况：徐复观的《中国人性论史》阐述了中庸的关键概念对于人性的概括；李景林的《先秦中庸说本义》将"中庸"视作哲学方法论，以此研究"中庸思想"的本质，阐发了关于人的心性修养和人格完善的方法；孙实明的《中庸解论》将《中庸》一书阐述的哲学思想分为四部分，并逐一说明；还有钱穆的《中庸新义》、师为公的《中庸深解》和陈赟的《中庸的思想》等著作。

经学史上，解释《中庸》的两大权威是郑玄和朱熹，对原文有不同的分章方法（但他们没敢重新编排文本次序。朱子聚毕生学力在《大学》中加了一句"格物补传"，并稍稍变更了一下文本次序，引发了理学史上一大公案），因为《中庸》和《四书》是朱熹毕生研究体证的文本，而且他解说较细，所以采用他的分章和解说。

（二）《中庸》的教育思想

若从经学尤其是儒学重在"成人"的立意来看，《中庸》的重要性是毋庸置疑的，朱熹在论及"四书"的顺序时曾言："先读《大学》，以定其规模；次读《论语》，以立其根本；次读《孟子》，以观其发越；次读《中庸》，以求古人之微妙处"[1]。在朱熹看来，《中庸》是读书人不可不读，且必须用功钻研的一部经典。朱熹之所以如此看重《中庸》，是因为他承继了韩愈、李翱以来的"道统"观念，他认为《中庸》是子思忧道学之失传而作。他把《中庸》看作接续儒家道统的极为可贵的线索与依据。也就是说，《大学》是"成人"的宗旨或者说目标，《中庸》则是"成人"的路径或者说方法。

---

[1]朱熹撰.朱子四书语类[M].上海：上海古籍出版社，1992：1.

1. 教育观

（1）教育作用——"率性"

《中庸》说:唯天下至诚，为能尽其性"[1]，意思是说，只有天下至诚的人，才能尽情发展自己的本性。郑玄解释："诚，天性也。"朱熹解释：真实无妄之谓诚。所以说，诚即是善，即是天成道德。《中庸》又说："天命之谓性，率性之谓道，修道之谓教。"[2] 意思是说，上天所命或赐予的叫作性，顺从和发扬本性叫作道，把道加以修明和推广，使之实行则叫作教，这就是说，"修道"[3] 即是教育，教育的作用叫"率性"[4]，循顺着先天的善性发展，尽情发挥内心先天的善端，把天赋的道德观念、道德意识体现出来。这是思孟学派的"性善论"思想，与孟子的教育作用的思想是一致的。

（2）强调主观能动作用——"虽愚必明，虽柔必强"

《中庸》强调个人的主观努力，说："有弗学，学之弗能，弗措也。有弗问，问之弗知，弗措也。有弗思，思之弗得，弗措也。有弗辨，辨之弗明，弗措也。有弗行，行之弗笃，弗措也。人一能之，己百之；人十能之，己千之。果能此道矣，虽愚必明，虽柔必强。"[5] 意思是说，除非不学习，学习了还没能掌握，一定不罢休。除非不追问，追问了还没能理解，一定不罢休。除非不思考，思考了还不能得出结果，一定不罢休。除非不分析，分析了还不明白，一定不罢休。除非不实行，实行了还不切实，一定不罢休。别人用一分力能做到的，自己就加上百倍的力;别人用十分力能做到的，自己就加上千倍的力。如果能用这个办法，即使是愚笨的人也必定会变为明智，即使是软弱的人也必定会变得刚强。这里明确地指出，一个人的聪明与坚强是在顽强的学习中培养出来的，取决于个人主观的努力，而不决定于他的天资。《中庸》这个思想十分深刻。

[1]梁海明译注.《大学》《中庸》[M].沈阳：辽宁民族出版社，1997: 115.
[2]梁海明译注.《大学》《中庸》[M].沈阳：辽宁民族出版社，1997: 69.
[3]梁海明译注.《大学》《中庸》[M].沈阳：辽宁民族出版社，1997: 69.
[4]梁海明译注.《大学》《中庸》[M].沈阳：辽宁民族出版社，1997: 69.
[5]梁海明译注.《大学》《中庸》[M].沈阳：辽宁民族出版社，1997: 112.

2. 教育内容观

从《中庸》的基本结构中我们可以看到，在《中庸》的思想体系里，从"天性道教"、"中和"、"诚"及"外内之合"四个不同层次的命题，基本完成了儒家身心性命的教育哲学的基本构架，形成了一个自圆自封的、自我解释、自我完善的本体观、道德观（人性观）、教育观相统一的理论体系。在这个自我循环的圆圈里，本体观、道德观、教育观各自既是起点、出发点，又是归宿、目的，从其中的每一个点出发，都能解释整个体系的逻辑过程，它们互相包含和反映着对方的一切，完成着理论的循环，这就是《中庸》所反映的儒家教育哲学的基本特征。

（1）以人性的价值取向为中心的天性道教的一体性

朱熹在《中庸章句》里，对天性道教的一体性作了详细而精辟的说明："天以阴阳五行化生万物，气以成形，而理亦赋焉，犹命令也。于是人物之生，因各得其所赋之理，以为健顺五常之德，所谓性也。……人物各循其性之自然，则其日用事物之间，莫不各有当行之路，是则所谓道也。……性道虽同，而气禀或异，故不能无过不及之差，圣人因人物之所当行者而品节之，以为法于天下，则谓之教，若礼、乐、刑、政之属是也。盖人之所以为人，道之所以为道，圣人之所以为教，原其所自，无一不本于天而备于我。学者知之，则其于学知所用力而自不能已矣。"[1] 这段话十分重要，它从本体观、道德观、人性观、教育观的不同角度，严密地阐明了儒家教育哲学的天性道教的一体化的过程，是我们理解《中庸》教育哲学的关键。

①本体论的角度

在《中庸》的体系里，人与自然、内在与外在并不是对立的，也不是从属的，而是相通的。人是自然的人，自然又是人的自然。因此，《中庸》的本体观并不只具超越自然的属性，就其内容而言，正是人所认识到的自身的本质投射，是人格化的超越。其理论价值，只是整个理论体系的说明

---

[1]朱熹.四书章句集注[M].北京: 中华书局, 1983: 17.

的媒介与来源。把人自身的东西抬上天，再从本体反观自身，从而肯定人自身的价值，这就是这种本体观的理论功能。实际上，在《中庸》的体系中，本体观和人性观都是在为人的价值及其完成寻找至上性和内在性的根据，即人伦的永恒性、神圣性、合理性和可能性的说明。作为天下之大本的"中"[1]，其具体的描绘是人的情感、情感处于未发的恰当状态，它只是人的本性的扩大和演化，而"中"的表现，即"中节"[2]的"和"[3]，即是"天下之达道五"[4]（即君臣、父子、夫妇、兄弟、朋友的关系），也就是说，天地自然的秩序就是人间的秩序。这种赋予天地人间色彩再流衍到人身上而具有的"性"的"天命"，也就是"道"的同义语，是人间秩序的超越形式。因此，在《中庸》里，"天命"也罢，"道"也罢，"中"也罢，"性"也罢，都只是在说明人及其价值实现的内在自有的根据。教育所要做的、所追求的都是人作为天地自然之物而自身具有的，不论是教育的目的、内容，还是教育的途径、方法，都在这个过程中有了可能的说明，从而架起了内在与超越、主观与客观、现实与永恒、可能与目的之间的理论桥梁。

②人性观的角度

在《中庸》教育哲学的逻辑中，人性观是其理论的出发点和前提，又具有形而上的来源，其取向的价值核心是人的主体性、主观能动性的自觉。它既是本体观的实际内容，又是教育观的理论基础，而其实际内容则是现实社会的伦常秩序。

《中庸》并没有直接解释"天命"是什么，但认为"天命"反映在人身上就是人性。而顺着人性去行为就是合乎天地之道。这就是说，"道"就是人性的具体内容，而"天命"的内容必然就是"道"。这就不是从天命去理解人性，从人性去理解"道"，而要反过来。从"道"去理解人性，从人性去理解天命。那么，"道"是什么呢？"道"是与人紧密联系在一起的："道也者，不可须臾离也；可离，非道也。"[5] 这个不可离的"道"就是"日用事物当行之理，皆性之德而具于心，无物不有，无时不然"[6]。其具体的内容

[1]梁海明译注.《大学》《中庸》[M].沈阳：辽宁民族出版社，1997：71.
[2]梁海明译注.《大学》《中庸》[M].沈阳：辽宁民族出版社，1997：71.
[3]梁海明译注.《大学》《中庸》[M].沈阳：辽宁民族出版社，1997：71.
[4]梁海明译注.《大学》《中庸》[M].沈阳：辽宁民族出版社，1997：106.
[5]梁海明译注.《大学》《中庸》[M].沈阳：辽宁民族出版社，1997：70.
[6]朱熹.四书章句集注[M].北京：中华书局，1983：17.

规定，《中庸》说："天下之达道五，……曰：'君臣也；父子也；夫妇也；昆弟也；朋友之交也'。五者，天下之达道也。"[1] 又引孔子的话说："君子之道四，丘未能一焉。所求乎子，以事父，未能也；所求乎臣，以事君，未能也；所求乎弟，以事兄，未能也；所求乎朋友，先施之，未能也。"[2] 由此看来，《中庸》的"道"实则是封建社会的伦常道德，就是封建社会中君臣、父子、夫妇、兄弟、朋友之间的关系。这也就是天命，人性的具体内容。所以《中庸》说："君子之道，造端乎夫妇，及其至也，察乎天地。"[3] 这样，不管是天道自然，还是人性本体，抑或是人类的最高理想，其实又都是社会伦常秩序的投射，是以血缘关系为纽带，以家庭为基本社会因素的宗法制小农社会的生产关系的要求，是整个《中庸》理论体系的实际内容。

《中庸》人性观的基本价值取向是主体性的自觉和确立。《中庸》完全以人的意识修养为中心，主要指向在对于人的心灵的形而上的发掘与构建，强调人的主体的内在追求意识，其基本形式是将哲学出发点立足地的"修身"赋予世界观的形而上基石，从而把人性提到了"天命"的高度，进一步再把"天"与"人"联结起来，在先验的善性中，奠定起人必须依靠本性的力量努力实现自己的善性的主体追求的依据，这也就是"道"及"修道"以至"性"的原委。

不仅如此，《中庸》又把"人性"视同"天命"，并且以"天"之命来要求人为，故曰"至诚无息"[4]，又大讲："人一能之己百之，人十能之己千之，果能此道矣，虽愚必明，虽柔必强。"强调人为修养的主动性。人必须通过自己的努力来完成自己，使自己成为一个完全的人。这与《易》的"天行健，君子以自强不息"正是一脉相承的。

在《中庸》的体系中，教育过程的本质是人性的完善，是人的道德的延伸和扩张。教育的最高目标和理想，从内容来说，就是人的道德的实现过程，而从理论过程来说，又回到了本体的规定："天地位焉，万物育焉。"[5]

[1]梁海明译注.《大学》《中庸》[M].沈阳：辽宁民族出版社，1997：106.
[2]梁海明译注.《大学》《中庸》[M].沈阳：辽宁民族出版社，1997：86.
[3]梁海明译注.《大学》《中庸》[M].沈阳：辽宁民族出版社，1997：84.
[4]梁海明译注.《大学》《中庸》[M].沈阳：辽宁民族出版社，1997：120.
[5]梁海明译注.《大学》《中庸》[M].沈阳：辽宁民族出版社，1997：71.

它的指向并不是人在天地万物之外去作为、去改造、塑造天地自然的形象，而是人作为具有完善的本性，也即具有天地之性的一员在天地万物之中找到自己的位置，完成自己的价值，"赞天地化育"[1]、"与天地参"[2]，即是完成了的人性以与天地平等的地位，参与天地的运行与流转。其根本意义即在于肯定客观世界的自在性与主体存在的目的性的统一，从而肯定经由个体修养而达到主观精神的高扬，肯定人的至上和永恒的价值。因而，主观意识的追求在这里是第一性的和本源的。

③教育观的角度

《中庸》之论"天命"、"人性"及"道"，即君臣、父子、兄弟、夫妇、朋友的关系，都是在教育和实际修持的过程中来实现的，没有脱离教育和人生实践过程的"天命"、"性"、"道"的存在。教育过程是它们存在的具体解释。

《中庸》说："天下之达道五，所以行之者三。……'知、仁、勇'三者，天下之达德也。[3]"这就是说，要依靠"知、仁、勇"这三达德，才能使"五达道"天下流行，才能实现社会的伦常秩序。而"三达德"是什么呢?《中庸》引孔子的话说："好学近乎知，力行近乎仁，知耻近乎勇。"[4]这就是说，善于学习并实践，就是"三达德"的践行内容，是"天下之达道"得以实现的保证。

《中庸》又论"知"："或生而知之，或学而知之，或困而知之，及其知之一也。"又论"行"："或安而行之，或利而行之，或勉强而行之，及其成功一也。"都是说，不管哪种情况，人都必须求知，都必须努力修持，就是要知道怎样才符合于君臣、父子、夫妇、兄弟、朋友之道，并且努力实践这种关系。

《中庸》又论知行过程："博学之，审问之，慎思之，明辨之，笃行之。"[5]只有这样，才是真正的修"道"，才能真正掌握它们。所以《中庸》提醒道："庸德之行，庸言之谨，有所不足，不敢不勉，有余不敢尽。言顾行，行顾言，君子胡不慥慥尔!"[6]

[1]梁海明译注.《大学》《中庸》[M].沈阳：辽宁民族出版社，1997：115.
[2]梁海明译注.《大学》《中庸》[M].沈阳：辽宁民族出版社，1997：115.
[3]梁海明译注.《大学》《中庸》[M].沈阳：辽宁民族出版社，1997：106.
[4]梁海明译注.《大学》《中庸》[M].沈阳：辽宁民族出版社，1997：106.
[5]梁海明译注.《大学》《中庸》[M].沈阳：辽宁民族出版社，1997：106.
[6]梁海明译注.《大学》《中庸》[M].沈阳：辽宁民族出版社，1997：86.

（2）"诚"及其"合外内之道"的价值取向

《中庸》的"诚"更突出、集中地完成了本体观、道德观、修养观的有机统一。

《中庸》之论"诚"与"天道"、"人道"的关系的实际思辨逻辑过程是：先将宇宙本体"天"品德化，即"诚"，亦即将宇宙赋予道德本体的意义，然后又把它作为人性自觉的来源和本质，即所谓"自诚明，谓之性"[1]，而人性自觉的本能又要求并能自然地做到努力修养以达到本来人性，即"自明诚，谓之教"[2]。这样，主观的道德修养主体（人）与这个客观品德化的宇宙本体（天）、普遍的外在运动（诚者）与个体的内在修养（诚之者），先验本体与情感心理，就变成了一个东西。

① "诚者自成"

《中庸》说："诚者，自成也"[3]。"诚"是自己完成自己的，换言之，"诚"的存在是一个没有原因的结果，在它之前没有任何前提了。宋人游酢、杨时也曾看出这一点，他们指出，所谓"自成"，"犹言自本自根"，"无所待而然也。"《中庸》又说："诚者，非成己而已也，所以成物也。"[4] "诚者，物之终始，不诚无物"[5]。这就是说，这个"自成"的"诚"，是世界万物的根本，没有它，一切都不能存在，它就是"存在"本身。世界上一切自然的、社会的道理和法则，一切"大本"、"大经"，都由这个"诚"而成立，如《中庸》所说："唯天下至诚，为能经纶天下之大经，立天下之大本，知天地之化育。夫焉有所倚！"[6] "焉有所倚"与"诚者自成"一样，都是说明"诚"的本体论的价值。

但《中庸》的"诚"又并不是纯粹的本体概念，与黑格尔哲学体系中的绝对精神或作为其哲学体系逻辑起点的"存在"范畴也不是一回事。《中庸》之"诚"并不是精神实体，而只是所谓"性"，它虽然代表着某种"天意"，即超越的意义，但对人而言，它却又是以主体精神、心理状态的形式出现的。"诚"是"天之道"，但其具体表现则是圣人"不勉而中，不思而得"[7]的本性。

[1]梁海明译注.《大学》《中庸》[M].沈阳：辽宁民族出版社，1997.114.
[2]梁海明译注.《大学》《中庸》[M].沈阳：辽宁民族出版社，1997.114.
[3]梁海明译注.《大学》《中庸》[M].沈阳：辽宁民族出版社，1997.119.
[4]梁海明译注.《大学》《中庸》[M].沈阳：辽宁民族出版社，1997.119.
[5]梁海明译注.《大学》《中庸》[M].沈阳：辽宁民族出版社，1997.119.
[6]梁海明译注.《大学》《中庸》[M].沈阳：辽宁民族出版社，1997.135.
[7]梁海明译注.《大学》《中庸》[M].沈阳：辽宁民族出版社，1997.111.

"诚"的"自成"，具体表现在人身上，就是使人天生地具有"仁"这样一种人之所以为人的道德萌芽。这就是《中庸》所谓"成己，仁也"。[1]正因为如此，人们可以"反身而诚"，反省自身去发现那个"诚"，从而完善自己，实现自己的价值。

由此可见，《中庸》之"诚"，既是天意、天地精神，却又具体地表现为人所固有的真实无妄的本性；既是内在的，又是超越的；既是伦常本位的，又是自然自在的；二者合二而一，也即是《中庸》开宗明义之"天命之谓性"的含义，包含着人事与天意两方面的意义。

②"诚"是认识论与价值论的统一，过程与目标的统一

"诚"字通常有二义：一为真、实、是，这一含义表达对事物存在的肯定，不涉及善恶的批评。二为信、忠等，这一含义是对人的内心感情的道德评价，包含着善恶的价值观。《中庸》之"诚"正是这两者的统一。《中庸》说，"不诚无物"[2]，这里的"诚"涉及到事物的有无问题，近于上述第一种含义。《中庸》又说："不明乎善，不诚乎身矣"[3]，这里的"诚"又与价值评价相联系，近于上述第二种含义。因此，我们说《中庸》的"诚"又是认识论与价值论的统一。"善"与"物"是同等的，因而社会伦常、人与人的关系，既是认识的对象，又是认识的目标和结果。

③"诚"是宇宙本体论与道德修养论的统一，即行"五达道"、"三达德"的伦理法则同天地万物的自然法则（天地之道）的统一

《中庸》指出：凡"三达德"、"五达道"，"所以行之者一也"[4]，这个"一"，意即"诚一不贰"。《中庸》说："天地之道，可一言而尽也：其为物不贰，则其生物不测。[5]""不贰"也就是"一"，也就是"诚"。这就是说，行"三达德"、"五达道"的伦理法则同天地生成演绎的自然法则是统一的，它们都是"诚"。天地是真诚无妄的，这种真诚无妄的流衍，表现出来就是"三达德"、"五达道"。而这也正是人在这个流衍过程中所必须努力遵循的。

"诚"的上述这些特征，实则孕育着整个《中庸》思想体系的基本趋向，

[1]梁海明译注.《大学》《中庸》[M].沈阳：辽宁民族出版社，1997：119.
[2]梁海明译注.《大学》《中庸》[M].沈阳：辽宁民族出版社，1997：119.
[3]梁海明译注.《大学》《中庸》[M].沈阳：辽宁民族出版社，1997：111.
[4]梁海明译注.《大学》《中庸》[M].沈阳：辽宁民族出版社，1997：106.
[5]梁海明译注.《大学》《中庸》[M].沈阳：辽宁民族出版社，1997：120.

即"天人合一"的趋向，具体的理论完成形式即是宇宙本体与道德本体的统一，求知途径与修养方法的一致，天道、天意的实现与理想人格的确立的一致和等同等。

④"诚"的修养观意义

首先，"诚"也是一种实际修持活动的态度。《中庸》认为"诚"是"自成"的，对于学习和实践人生道德也一样，学、问、思、辨、行，是自始至终，永不停息的努力，实际上是没有止境的。还认为，"诚之者，择善而固执之者也。[1]"就是说"诚"是认识善（即君臣、父子、夫妇、兄弟、朋友之道）然后顽强地执行下去。

其次，"诚"又是人的思想意识修养所达到的一种境界，具有培养目标的意义。《中庸》说："诚者，不勉而中、不思而得，从容中道，圣人也。"[2]就是思想意识完全反映了实践中的君臣、父子、夫妇、兄弟、朋友的关系，完全和这种关系认同，即所谓"心与道俱"。自己的精神境界成了社会上人与人之间的伦理关系的化身和代表。所以，顺着自己的思想情感去行动，没有任何勉强，而自然地合于"五达道"的关系，不用反复思考，自然地合于这种关系。自己的一切思想行动，都能自然地合于当时社会的需要。

《中庸》的最终目的是要实现所谓"天地位焉，万物育焉"[3]的最高理想境界。而这个境界的实现，就是使"天道"之"诚"经由"人道"的之"诚"的过程，成为完成了的现实性，"天命之性"在"率性之道"中成为自觉的认识，并通过"修道之教"的途径得到实现，这就是"诚"合外内之道的价值取向。

因而，在《中庸》中"诚之"与"尽性"也是同一过程。"诚之"是要通过向外部的"择善固执"来完成，而"尽性"即让本性得到充分的实现，是要通过推广含而未发的内在本性来完成。但既然所谓"善端"已先天地存在于人的本性中，那么，所谓"择善"就能从内在本性之中找到，择善的根据也就在其中，而所谓"尽性"就是要使人性中的"善端"得到充分的发展，这同"择善而固执"的"诚之"的过程也就归于一致了。天之道的实现，就是人之性的实现，就是"诚"的实现。

---

[1]梁海明译注.《大学》《中庸》[M].沈阳: 辽宁民族出版社, 1997: 111.
[2]梁海明译注.《大学》《中庸》[M].沈阳: 辽宁民族出版社, 1997: 111.
[3]梁海明译注.《大学》《中庸》[M].沈阳: 辽宁民族出版社, 1997: 71.

3. 教育方法观

（1）教育途径——"尊德性与道问学"

孔子说过："君子博学于文，约之以礼，亦可以弗畔矣"。《中庸》便把"博文"、"约礼"发展为"尊德性与道问学"[1]。《中庸》说："故君子尊德性而道问学，致广大而尽精微，极高明而道中庸，温故而知新，敦厚以崇礼"[2]。意思是说，君子既要尊重德性，又要讲求学问；既要充实广大，又要穷尽精微；既要有高明的理想，又要有合于中庸的行为；既要熟悉旧的知识，又要不断认识新的事物；既要笃实厚道，又要娴习礼仪。尽管"尊德性"指的是发扬自己先天的善性，这里是从性善论出发，是唯心的；但"道问学"也包含着后天学习和努力的成分。这里也初步接触到思想道德品质的形成与掌握文化知识二者之间的关系，认为这两个途径是相依并进、相辅相成的。

（2）重视个别差异——"生知、学知、困知"

《中庸》继承了孔子的重视个别差异的思想，"或生而知之，或学而知之，或困而知之，及其知之一也。或安而行之，或利而行之，或勉强而行之，及其成功一也。"[3] 意思是说，有的人天生就能知道，有的人需要学习才能知道，有的人必须经过困难才能知道。到了知道了以后却是一样的。有的人是不需要思考就可以安然无事地去实行，有的人为了对自己有利才去实行，有的人是需要极大的努力才能实行。到了成功以后却是一样的。《中庸》这种重视个别差异，鼓励"困知"与"勉行"的思想是可贵的。

（3）教育过程——"学、问、思、辨、行"

孔子讲过学与思、学与行的关系。荀子讲过"不闻不若闻之，闻之不若见之，见之不若知之，知之不若行之。学至于行之而止矣。行之，明也，明之为圣人"[4]。也在说明教育过程中的学，即不论什么人，首先是要学，学了就要应用，经过用也就是实践，证明它是正确的，那么就可以去学习更

[1]梁海明译注.《大学》《中庸》[M].沈阳：辽宁民族出版社，1997：124.
[2]梁海明译注.《大学》《中庸》[M].沈阳：辽宁民族出版社，1997：124.
[3]梁海明译注.《大学》《中庸》[M].沈阳：辽宁民族出版社，1997：106.
[4]章诗同注.《荀子》简注[M].上海：上海人民出版社，1947：73.

多更新的知识，只有这样才能进步。《中庸》继承和发展了这些思想，把教育教学的过程和步骤系统地讲出来："博学之，审问之，慎思之，明辨之，笃行之。"[1] "博学之"，就是广泛地学习政治、道德伦理方面的知识内容；"审问之"，即对博学中的内容，以"诚"为标准，审慎地问其真伪是非；"慎思之"，即对审问的内容进行分析，谨慎地思考，并注意反省自己；"明辨之"，明辨了存在的问题，知道了努力的方向；"笃行之"，使观念和行为统一，切实地实行，最终形成坚定的信念和明确的概念、观点。这是一套反省的教学方法，通过节节反馈，层层深入、筛选，最后形成概念、观念和信念的过程，是符合反馈理论的，有其合理的因素。可惜的是，《中庸》对于审问、慎思、明辨的具体过程，没有深入揭示。

（三）《中庸》原文、注释、释义及导读

1. 道之要义

【原文】

天命[1]之谓性[2]，率性[3]之谓道[4]，修道[5]之谓教[6]。

道[7]也者，不可须臾[8]离也；可离，非道也。是故[9]君子[10]戒慎[11]乎其所不睹[12]，恐惧乎其所不闻。

莫见乎隐[13]，莫显乎微，故君子慎其独[14]也。

喜、怒、哀、乐之未发，谓之中[15]；发而皆中节[16]，谓之和[17]。中也者，天下之大本也；和也者，天下之达道也。

致[18]中和，天地位[19]焉，万物育[20]焉。

【注释】

1.天命：自然的禀赋。朱熹解释说："天以阴阳五行化生万物，气以成形，而理亦赋焉，犹命令也。"（《中庸章句》）所以，这里的天命（天赋）实际上就是指人的自然禀赋，并无神秘色彩。

2.性：人的本性。

[1]梁海明译注.《大学》《中庸》[M].沈阳：辽宁民族出版社，1997：111.

3. 率性：遵循本性，率，遵循，按照。道：指事物运动变化所要遵循的普遍规律。

4. 道：人道。指人循着理行事。

5. 修道：修明道德。

6. 教：教化。这里是省察自己，教育他人之意。

7. 道：谓日常事物当行之理，蕴藏在内心。

8. 须臾：片刻。

9. 是故：所以。

10. 君子：《中庸》中的君子，有时指有德行的人，有时指有地位的人。这里指有德行的人。

11. 戒慎：警戒、谨慎。

12. 睹：见、察看。

13. 莫见乎隐：莫：在这里是"没有什么更……"的意思。见，显现，明显。乎，于，在这里有比较的意味。

14. 慎其独：即慎独。其，语气助词。独处时十分谨慎。

15. 中（zhòng）：符合、不偏不倚。

16. 中节：合于自然的道理。中，符合。节，法度、准则。

17. 和：无所乖戾。

18. 致：达到。

19. 位：安于其所。

20. 育：生育、繁育。指万物各遂其生。

【释义】

人们禀受天赋的理叫作"性"，遵循各自本性行事叫作"道"，把道加以修明并用来制约和教育人们叫作"教"。

"道"是不可以片刻离开的，如果可以离开，那就不是"道"了。所以，品德高尚的人在没有人看见的地方也是谨慎的，在没有人听见的地方也是有所戒惧的。

在幽暗的地方，大家不曾见到隐藏着的事端，我的心里已显著地体察到了。当细微的事情，大家不曾察觉的时候，我的心中已显现出来了。所以，品德高尚的人在独处的时候更加要谨慎小心。

人们的喜怒哀乐没有表露出来叫作"中"；表露出来以后符合节度，叫作"和"。"中"，是天下最大的根本；"和"，是大家遵循的原则。

君子的省察达到了"中和"的境界，那么，天地便各得其所，万物便生长繁育，生生不已。

【导读】

这是《中庸》的第一章，是全书的纲领，分五节。第一节阐明性、道、教所以定名的由来、内涵及其相互关系。性、道、教三者关系就是把道看成中心环节，从性与道来说，性是体，道是用，以道来体现人之性。就道与教来说，道是本，教是末，以礼、刑、政的教化来修明人之道，教育人们达到不偏不倚、无过无不及的中庸的道德境界。第二节说明道不可离，君子要不欺暗室。说明道是人之道，日常事物当行之理，蕴藏于内心。第三节则告诫君子要不可须臾离道，虽独居也要常心存戒惧。第四节论述"中"、"和"的性质及其功能。"中"，是天下事物的大本；"和"，在天下都可通行，所以说是"达道"。因此以"中"为道之体，"和"为道之用。第五节论述"中和"的功效——天地安其位，万物遂其生。

从上看出，本章以不可须臾离道引入话题，强调在《大学》里面也阐述过的"慎其独"问题，要求人们加强自觉性，真心诚意地顺着天赋的本性行事，按道的原则修养自身。解决了上述问题之后，才正面提出"中和"（即中庸）这一范畴，进入全篇的主题。从情感的角度切入，正面解释了"中"、"和"。指出如果人人都达到"中和"的境界，大家心平气和，社会秩序井然，天下也就太平无事了。并勉励应从"慎独"出发，涵养中庸之道，恢复内心之明德。尤其具有全篇总纲的性质，以下十章都围绕本章内容而展开，以终此章之义。

2. 君子中庸，小人反中庸

【原文】

仲尼[1]曰："君子中庸[2]，小人反[3]中庸。君子之中庸也，君子而[4]时中[5]。小人之反中庸也，小人而无忌惮[6]也。"

【注释】

1. 仲尼：即孔子，名丘，字仲尼。

2. 中庸：儒家的最高道德标准。中，即不偏不倚，折中，无过，无不及。庸，常的意思。

3. 反：违背。

4. 而：能够。

5. 时中：即言行处处符合中道。

6. 忌惮：顾忌和畏惧。惮，畏惧。

【释义】

孔子说："君子的言行都符合中庸的标准，小人的言行违背了中庸的标准。君子之所以能够中庸，是因为君子的言行处处符合中道，无过无不及；小人之所以违背中庸，是因为小人肆无忌惮，专走极端。"

【导读】

此章引孔子的话论述了君子与小人对中庸的不同态度及原因。

孔子的学生子贡曾经问孔子："子张和子夏哪一个贤一些?"孔子回答说："子张过分；子夏不够。"子贡问："那么是子张贤一些吗?"孔子说："过分与不够是一样的。"

这一段话是对"君子而时中"的生动说明。也就是说，过分与不够，貌似不同，其实质却都是一样的，都不符合中庸的要求。中庸的要求是恰到好处，时中之义甚大，凡是不能执时中者，均可视为小人。

3. 最高的道德标准

【原文】

子曰："中庸其至[1]矣乎! 民鲜[2]能久矣!"

【注释】

1. 至：极、最。

2. 鲜：少，不多。

【释义】

孔子说："中庸大概是最高的德行了吧! 可惜人们已经长久不能做到它了!"

【导读】

本章引孔子的话赞美中庸之道至善至美，感叹人们很少能够久行。可见"中庸"之难，不在于理解与认识，而在于施行与把握! 对于"既不过也非不及"的合适之境，人人都向往之，但问题是因事、时的不同，达到中庸境界的具体表现就会有异，能够自始至终操之就更难，故而言说"中庸"之难在于行。

4. 谁能食而知其味

【原文】

子曰："道[1]之不行也，我知之矣：知者[2]过之，愚者不及也。道之不明也，我知之矣：贤者过之，不肖者[3]不及也。人莫不饮食也，鲜能知味也。"

【注释】

1. 道：即中庸之道。

2. 知者：即智者，与愚者相对，指智慧超群的人。知，同"智"。

3. 不肖者：与贤者相对，指不贤的人。

【释义】

孔子说："中庸之道不能流行于世的原因，我知道了：聪明的人自以为是，认识过了头；愚蠢的人智力不及，不能理解它。中庸之道不能弘扬的原因，我知道了，贤能的人做得太过分，不贤的人根本做不到。就像人们每天都要吃喝，由于习以为常，但却很少有人能辨别饮食的滋味了。"

【导读】

本章承上章，论及的还是过与不及的问题。正因为要么太过，要么不及，所以，总是不能做得恰到好处。而无论是过还是不及，无论是智还是愚，或者说，无论是贤还是不肖，都是因为缺乏对"道"的自觉性，正如人们每天都在吃吃喝喝，但却很少有人真正品味一样，人们虽然也在按照一定的道德规范行事，但由于自觉性不高，在大多数情况下不是做得过了头就是做得不够，难以达到"中和"的恰到好处。所以，提高自觉性是推行中庸之道至关重要的一环。

5. 隐恶扬善，执两用中

【原文】

子曰："舜其大知[1]也与[2]！舜好问而好察迩言[3]，隐恶而扬善，执其两端[4]，用其中于民。其斯以为舜乎[5]！"

【注释】

1. 知：同"智"。

2. 也与：语气词连用。

3. 迩言，浅近的话。迩，近。

4. 两端：这里指过与不及。

5. 其斯以为舜乎：这就是舜之所以为舜的地方吧！其，语气词，表示推测。斯，这。"舜"字的本义是仁义圣明，所以孔子有此感叹。

【释义】

孔子说："舜可真是具有大智慧的人啊！他乐于向别人求教，又善于分析别人浅近话语里的含义。他包涵别人的缺点而宣扬优点。他度量人们认识上"过"与"不及"两个极端的偏向，用中庸之道去引导人们。这就是舜之所以为舜的原因吧！"

【导读】

本章论述舜是大智者，能行中庸之道及其原因。

隐恶扬善，执两用中。既是不偏不倚、无过无不及的中庸之道，又是杰出的领导艺术。要真正做到，当然得有非同一般的大智慧。困难之一在于，要做到执两用中，不仅要有对于中庸之道的自觉意识，而且得有丰富的经验和过人的识见。困难之二在于，要做到隐恶扬善，更得有博大的胸襟和宽容的气度。对于一般人来说，不隐你的善扬你的恶就算是谢天谢地了，岂敢奢望他隐你的恶而扬你的善！如此看来，仅有大智慧都还不一定做得到隐恶扬善，还得有大仁义才行。大智大仁的舜帝毕竟只有一个，不然的话，孔圣人又怎么会感叹又感叹呢？所以，人应做到"好问而好察迩言"，将他人的智慧集中起来，为己所有，为己所用，提高明辨是非的能力和处理事务的才干。还应做到"隐恶而扬善"，使善者愈乐告以善，而不善者亦无所愧而不惜言，愿意率意相告，以使能真正做到"取诸人以为善"。

6.聪明反被聪明误

【原文】

子曰:"人皆曰予[1]知,驱而纳[2]诸罟擭[3]陷阱[4]之中,而莫之知辟[5]也。人皆曰予知,择乎中庸,而不能期月[6]守也。"

【注释】

1.予:我。

2.纳:纳入,引申为落入。

3.罟(gǔ)擭:罟,捕兽的网。擭,装有机关的捕兽的木笼。

4.陷阱:捕捉野兽的地坑。罟擭陷阱,这里比喻利欲的圈套。

5.辟:通"避",躲避。

6.期(ji)月:一整月。指时间短暂。

【释义】

孔子说:"人人都说:'我是明智的',但是在利欲的驱使下,却都像禽兽那样落入捕网、木笼和陷阱中,而不知道如何躲避。人人都说:'我是明智的',可是选择了中庸之道,却连一个月时间也不能坚持。"

【导读】

本章用比兴手法来说明人们被物欲所蔽而不能行中庸之道。一方面,聪明反被聪明误,自以为聪明就会走极端、走偏锋,不知适可而止,不合中庸之道,所以往往自投罗网而自己却还不知道。另一方面,虽然知道适可而止的好处,知道选择中庸之道作为立身处世原则的意义,但好胜心难以满足,欲壑难填,结果是越走越远,不知不觉间又放弃了适可而止的初衷,背离了中庸之道。就像孔子所惋惜的那样,连一个月都不能坚持住。所以,最重要的是诚心诚意做人,踏踏实实做事才是根本所在。

7. 得而弗弃

【原文】

子曰："回[1]之为人也,择乎中庸。得一善[2],则拳拳服膺[3],而弗失之矣。"

【注释】

1. 回:指孔子的得意门生颜回。

2. 善:指中庸之理。

3. 拳拳服膺:牢牢地放在心上。拳拳,牢握但不舍的样子,引申为恳切。服,著,放置。膺,胸口。服膺,谨记在心。

【释义】

孔子说:"颜回做人处事,选择了中庸之道。他得到了这一善道后,就牢牢地把它放在心上,一刻也不忘掉。"

【导读】

这是针对前一章所说的那些不能坚持中庸之道的人而言的。作为孔门的高足,颜回经常被老师推荐为大家学习的榜样,在中庸之道方面也不例外。一旦认定,就坚定不移地坚持下去。这是颜回的作为,也是孔圣人"吾道一以贯之"的风范。

8. 中庸难得

【原文】

子曰："天下国家可均[1]也,爵禄[2]可辞[3]也,白刃[4]可蹈[5]也,中庸不可能也。"

【注释】

1. 均：即平，指治理。

2. 爵禄：爵位、俸禄。爵，周代按功劳的大小，地位的尊卑，分公侯伯子男五等爵制。禄，官吏的薪俸。

3. 辞：放弃、辞掉。

4. 白刃：利刃，快刀。

5. 蹈：踩、踏。

【释义】

孔子说："天下国家是可以治理的，官爵俸禄是可以放弃的，利刃是可以踩上去的，只有中庸之道却不容易做到。"

【导读】

本章承上章之意，用可均、可辞、可蹈三者极难做到之事，反衬中庸为极难行之事。揭示三者虽难，难而易，中庸虽易，易而难的真理。

孔子秉持对中庸之道持高扬和捍卫的态度，把一般人对中庸的理解往往过于肤浅，看得比较容易呈现出来，针对这种情况有感而发，把它推至比赴汤蹈火，辞去高官厚禄，治国平天下还难的境地。其目的还是在于引起人们对中庸之道的高度重视，以期人们能择其所守，坚持下去，做到不偏不倚，无过无不及。

9. 至强之理

【原文】

子路[1]问强。子曰："南方之强与? 北方之强与? 抑[2]而[3]强与[4]? 宽柔以教，不报[5]无道[6]，南方之强也，君子居[7]之。衽金革[8]，死而不厌[9]，北方之强也，而强者居之。故君子和而不流[10]，强哉矫[11]! 中立而不倚，强哉矫! 国有道[12]，不变塞[13]焉，强哉矫! 国无道[14]，至死不变，强哉矫!"

【注释】

1. 子路：名仲由，孔子的门生。好勇，故问强。

2. 抑：选择性连词，意为"还是"。

3. 而：代词，你。

4. 与：疑问语气词。

5. 报：报复。

6. 无道：横暴无理。

7. 居：处。

8. 衽金革：枕着武器、盔甲睡觉。衽，卧席，此处用为动词。金，指铁制的兵器。革，指皮革制成的甲盾。

9. 死而不厌：死而后已的意思。不厌，不悔。

10. 和而不流：性情平和又不随波逐流。

11. 矫：坚强、强盛的样子。

12. 有道：政治清明，天下太平。

13. 不变塞：不改变穷困时的操守。塞，原指堵塞，这里指穷困。

14. 无道：指国家政治黑暗，不太平。

【译文】

子路问孔子："什么是刚强呢？"孔子回答说："你问的是南方人的刚强呢？北方人的刚强呢？还是你认为的刚强呢？用宽容温和的态度去教化人，即使人家对我蛮横无礼也不加以报复，这是南方人的刚强，君子拿这种宽厚、容忍的道来指导自己的行为。经常用兵器甲盾当枕席，在战场上拼杀死而不悔，这是北方人的刚强，北方的强者拿这种强力胜人的道来指导自己的行动。所以，品德高尚的人和顺而不随波逐流，这才是真正的刚强啊！保持中立而不偏不倚，这才是真正的刚强啊！国家政治清平时君子不改变穷困时的操守，这才是真正的刚强啊！国家政治黑暗时坚持操守，宁死不变，这才是真正的刚强啊！"

【导读】

本章孔子以启发式为子路分析君子之强和强者之强的不同，勉励子路守中庸之道，以中庸之道为核心来体现强，做君子之强。

子路性情鲁莽，勇武好斗，所以孔子教导他：有体力的强，有精神力量的强，但真正的强不是体力的强，而是精神力量的强。精神力量的强体现为以和待人而不为流俗所移，柔中有刚；体现为中庸之道；体现为坚持自己的信念不动摇，宁死不改变志向和操守，富贵不能淫其志。"三军可夺帅也，匹夫不可夺志也。"国无道虽穷困危险，也不能改变平生所守，贫贱不能移其志，威武不能屈其志，这就是孔子所推崇的强。

回到《中庸》本章来，孔子在这里所强调的还是"中立而不倚"的中庸之道，也是承上章之意，以明择中庸而守之，在"中"、"和"上着"强"字，含蓄而深刻，是儒学中最为高深的道行。

10. 执而无悔

【原文】

子曰："素隐行怪¹，后世有述²焉，吾弗为之矣。君子遵道³而行，半途而废，吾弗能已⁴矣。君子依乎中庸，遁世⁵不见知⁶而不悔，唯圣者能之。

【注释】

1.素隐行怪：素，据《汉书》，应为"索"字之误，寻求，探索。隐，隐僻。怪，怪异。

2.述：记述。

3.道：指中庸之道。

4.已：止，停止。

5.遁世：避世。这里是终身的意思。

6.见知：被知。见，被。

【释义】

孔子说："寻找隐僻的道理，做些怪诞的事情，后世也许会有人来记述他，但我是绝不会这样做的。有些君子按照中庸之道去做，但是半途而废，不能坚持下去，而我是绝不会停止的。真正的君子遵循中庸之道，即使一生默默无闻不被人知道也不后悔，这只有圣人才能做得到。"

【导读】

本章孔子谆谆教育、劝勉人们应遵循中庸之道而行，要做无怨无悔追求中庸的君子，而不做半途而废的人。

本章三件事：出风头、欺世盗名的做法根本不合中庸之道的规范，自然是圣人所不齿的；找到正确的道路，但又半途而废，这也是圣人所不欣赏的；唯有秉持正道践行到底，自信不悔，这才是圣人所赞赏并身体力行的。所以，"路漫漫其修远兮，吾将上下而求索"，这是圣人所赞赏的精神。"鞠躬尽瘁，死而后已"也是圣人所赞赏的精神。这是承前文所论行的中庸之道。

以上几章从各个方面引述孔子的言论，反复申说第一章所提出的"中和"（中庸）这一概念，弘扬中庸之道，以求人们能至精至微、以自强不息追求之。这是全篇的第一大部分。

11. 君子之道，费而隐

【原文】

君子之道，费而隐[1]。

夫妇[2]之愚，可以与[3]知焉，及其至[4]也，虽圣人亦有所不知焉。夫妇之不肖，可以能行焉，及其至也，虽圣人亦有所不能焉。天地之大也，人犹有所憾[5]。故君子语大，天下莫能载焉；语小，天下莫能破[6]焉。《诗》[7]云："鸢飞戾天[8]，鱼跃于渊[9]。"言其上下察也[10]。

君子之道，造端[11]乎夫妇，及其至也，察乎天地。

【注释】

1. 费而隐：费，广大无涯。隐，精微。

2. 夫妇：非指夫妻之夫妇。而是指匹夫匹妇，指普通男女。

3. 与：动词，参与。

4. 至：最，指最精微之处。

5. 憾：不满意。

6. 破：看破。引申为剖析。

7.《诗》：指《诗经·大雅·旱麓》篇。这是赞扬有道德修养的人，求福得福，能培养人才的诗。

8. 鸢飞戾天：鸢，老鹰。戾，到达。

9. 渊：深潭。

10. 察：昭著，明显。

11. 造端：开始，起头。

【释义】

君子所持的中庸之道，作用广大无涯，无穷无尽，而本体微小，无处不有。

普通男女虽然愚昧，但对于日常的道理也是可以知道的；但它的最高深精微境界，即便是圣人也有弄不清楚的奥秘。普通男女虽然不贤明，也可以实行君子的道，但它的最高深精微境界，即便是圣人也有做不到的地方。天地如此之辽阔广大，但人们仍有不满足的地方。所以，君子所持的道，就其大处来讲，天下没有什么能承载得了的；就其小处来讲，天下没有谁能剖析得了的。《诗经》中说："鸢鸟飞向天空，鱼儿跳跃深水。"这是比喻持中庸之道的人能够对上对下进行详细审察，显明昭著，无处不在，无所不包。

君子所持的道，开始于普通男女之间，达到最高深境界，便彰明于天地之间的一切事物了。

【导读】

这一章另起论题，回到第一章"道也者，不可须臾离也，可离非道也"进行阐发，以下八章都是围绕这一中心而展开的。本章分三节而叙。第一节论述中庸之道用之广而体之微，造端于匹夫匹妇而察乎天地。第二节引《诗》来说明中庸之道的体和用的关系——"不可须臾离也"。第三节论述中庸之道其大无外，其小无内，开始于夫妇，明察于天地。

正因为道不可须臾离开，所以，道就应该有普遍的可适应性，应该"放之四海而皆准"，连匹夫匹妇都能预闻知道，可以学习和实践。不过，知道是一回事，一般性地实践是一回事，要进入其高深境界又是另一回事了。所以，道又必须有精微奥妙的一方面，供德行高、修养深的学者进行深造，进行创造性的实践。说明中庸之道其大无外，其小无内，体用结合，无处不在。如此两方面的性质结合起来，使道既广大又精微，是一个开放的、兼容的、可发展的体系。

凡事都有一知半解与精通的区别，匹夫匹妇与"圣人"的分别也就在这里。

12. 道不远人，远人非道

【原文】

子曰："道[1]不远人[2]。人之为道而远人，不可以为道。《诗》[3]云：'伐柯伐柯，其则不远[4]。'执柯以伐柯，睨[5]而视之，犹以为远。故君子以人治人，改而止。"

"忠恕[6]违道[7]不远，施诸己而不愿，亦勿施于人。"

"君子之道四[8]，丘[9]未能一焉。所求乎子以事父，未能也；所求乎臣以事君，未能也；所求乎弟以事兄，未能也；所求乎朋友先施之，未能也。庸德之行[10]，庸言[11]之谨，有所不足，不敢不勉，有余不敢尽。言顾行，行顾言，君子胡不慥慥[12]尔！"

【注释】

1. 道：指率性讲。

2. 远人：远离人们。

3.《诗》：指《诗经·豳风·伐柯》篇。这是一首描写关于婚姻的诗。

4. 伐柯伐柯，其则不远：伐柯，砍削斧柄。柯，斧柄。则，法则，这里指斧柄的式样。

5. 睨：斜视。

6. 忠恕：儒家伦理思想，尽己之心为忠，推己及人为恕。

7. 违道：离道。违，离。

8. 君子之道四：即孝、悌、忠、信。

9. 丘：孔子自称其名。

10. 庸德之行：庸德，平常的道德。庸，平常。行，实行。

11. 庸言：日常的语言。

12. 胡不慥慥：胡，何、怎么。慥慥，忠厚诚实的样子。

【释义】

孔子说："中庸之道并不是远离人们的。如果有人行道时却故作高深，使它远离人们，那就不可以叫作修中庸之道了。《诗经》中说：'砍削斧柄，砍削斧柄，斧柄的式样就在眼前。'握着斧柄做样子来砍削斧柄，应该说不会有什么差异，但如果你斜眼一看，还是会发现差异很大。这个比喻说明，君子以其人之道还治其人之身，直到他们改了为止。"

"一个人做到忠恕，那就离中庸之道不远了。什么叫忠恕呢？自己不愿意的事，也不要施加给别人。"

"君子之道有四种，我孔丘连其中的一种也没有能够做到。作为一个儿子应该对父亲做到的孝顺，我没有能够完全做到这一点；作为一个臣民应该对君王做到的尽忠，我没有能够完全做到这一点；作为一个弟弟应该对哥哥做到的尊敬兄长，我没有能够完全做到这一点；作为一个朋友应该先做到的讲信用，我没有能够完全做到这一点。在平常的道德的实行上，在平常言语的谨慎上，我有许多做得不够的地方，这使我不敢不勉励自己努力去弥补，有做得较好的地方，也不敢把话全部说尽。言语要照顾到行动，行动也要照顾到言语。如果能这样做，那么君子的心中还有什么不笃实的呢！"

【导读】

　　本章继续论述中庸之道不可离，分三节论述。第一节引《诗》形象地说明道不可须臾离的基本条件是道不远人，就在自己身边、远人非道以及进而说明君子以人治人的原则，即《大学》所说的明其固有的内心之明德，使之去恶从善，能改即止。第二节继续说明道不远人，应以忠恕之道治己治人。也就是推行道要从实际出发，使道既具有"放之四海而皆准"的普遍性，又能够适应不同个体的特殊性。即不要对人求全责备，而应该设身处地，将心比心地为他人着想，自己不愿意的事，也不要施加给他人。忠恕之道，是儒家的伦理思想，曾子曾说："夫子之道，忠恕而已矣。"也就是《大学》所说的"絜矩之道"。第三节孔子提出孝、悌、忠、信四种道德，勉励人们言行一致，践行好这些。总之，是要"践起实，择其可，行益力，谨益至，言顾行，行顾言"，凡事秉持"中庸"的原则，这就是中庸之道。

13. 君子素位

【原文】

　　君子素其位[1]而行，不愿乎其外[2]。素富贵，行乎富贵；素贫贱，行乎贫贱；素夷狄[3]，行乎夷狄；素患难，行乎患难；君子无入[4]而不自得焉。

　　在上位，不陵[5]下。在下位，不援[6]上。正己[7]而不求于人，则无怨，上不怨天，下不尤[8]人。故君子居易[9]以俟命[10]，小人行险[11]以侥幸。子曰："射[12]有似乎君子，失诸正鹄[13]，反求诸其身。"

【注释】

1. 素其位：素，处在。位：地位。

2. 不愿乎其外：愿，倾慕，羡慕。其外，指本位外的东西。

3. 夷狄：夷，指东方的部族；狄，指西方的部族。泛指当时的少数民族。

4. 无入：无论处于什么情况下。入，处于、安于。

5. 陵：欺侮，欺压。

6. 援：攀缘，本指抓着东西往上爬，引申为投靠有势力的人往上爬。

7. 正己：端正自己。

8. 尤：抱怨。

9. 居易：居于平安的地位，也就是安居现状的意思。易，平安。

10. 俟命：等待天命。

11. 行险：冒险。

12. 射：指射箭。

13. 正鹄：正、鹄：均指箭靶子；画在布上的叫正，画在皮上的叫鹄。

【释义】

　　君子在自己所处的地位上行使自己所奉行的道理，从来不会倾慕本位之外的东西。处于富贵的地位，就做富贵人地位上应做的事；处于贫贱的状况，就做贫贱地位上应做的事；处于边远地区，就做在边远地区应做的事；处于患难之中，就做在患难之中应做的事。这样，君子无论处于什么情况下都是安然自得、自乐而安于其位的。

　　君子高居上位，不会去欺侮在下位的人；君子居于下位，不会巴结在上位的人。自己正直就不会去苛求别人，这样就不会有什么抱怨了，对上不抱怨天，对下不归咎别人。所以，君子安居现状来等待天命的安排，而小人却铤而走险妄图获得非分的东西。孔子说："射箭的道理与君子'正己而不求于人'的道理有相似之处。比如射箭射不中靶子，应该回过头来从自己身上去找原因。"

【导读】

本章论述"素位而行"近于《大学》里面所说的"知其所止",换句话说，叫作安守本分，也就是人们常说的——安分守己。这种安分守己是对现状的积极适应、处置，是什么角色，就做好什么事，事实上，任何成功的追求、进取都是在对现状恰如其分地适应和处置后取得的。一个不能适应现状，在现实面前手足无措的人是很难取得成功的。正如：君子无所往而不自得，随遇而安，不做非分之想，唯做自己应当做的事罢了。本章分两节叙述。第一节是论安土顺命，持守常道。第二节继上文论述君子安于其位，不愿其外。以君子和小人之比较心态的不同，告诫人们不能迷失自己，总是奢望向上爬，奢望高升，总是怨天尤人，而不像圣人所说的那样"反求诸其身"。所以，不要去妄想身外之物太多，只须问自己该做什么——这就是素位而行，安分守己。

14. 行远自迩，登高自卑

【原文】

君子之道¹，辟²如行远，必自迩³；辟如登高，必自卑⁴。《诗》⁵曰："妻子⁶好合⁷，如鼓⁸瑟琴。兄弟既翕⁹，和乐且耽¹⁰。宜尔室家，乐尔妻孥¹¹。"子曰："父母其顺矣乎！"

【注释】

1. 君子之道：指求取君子之道的方法。

2. 辟：同"譬"，譬如。

3. 迩：近。

4. 卑：低处。

5. 《诗》：指《诗经·小雅·棠棣》篇。这是一首称述家庭和睦、兄弟友爱的诗。

6. 妻子：妻与子。

7. 好合：和睦、融洽。

8. 鼓：弹奏。做动词用。

9. 翕：和顺，融洽。

10. 耽：《诗经》原作"湛"，安乐、快乐。

11. 妻孥：妻子儿女的统称。

【释义】

求取君子之道的方法，就像走远路一样，必定要从近处开始；就像登高山一样，必定要从低处起步。《诗经》中说："与妻子儿女感情和睦，就像弹琴鼓瑟一样节奏和美。与兄弟关系融洽，和顺又快乐。使你的家庭美满，使你的妻儿幸福。"孔子赞叹说："像这样一家人如此快乐，做父母的就自然舒心啊！"

【导读】

本章引《诗》叙述君子修道的次序应为由近及远、由低到高，如此才能渐至高远。老子说："千里之行，始于足下。"荀子说："不积跬步，无以至千里；不积小流，无以成江海。"都是"行远必自迩，登高必自卑"的意思。这里所言也是上文中庸之道"造端于夫妇"，《大学》治国必先齐家之意。万事总宜循序渐进，不可操之过急。否则，"欲速则不达"，结果适得其反。一切须从自身做起，从自己身边切近的地方做起，和顺自己的家庭，方能渐进以成善道。说到底，还是《大学》修、齐、治、平循序渐进的道理。

15. 道无所不在

【原文】

子曰："鬼神之为德，其盛矣乎！视之而弗见，听之而弗闻，体物[1]而不可遗。使天下之人，齐明盛服[2]，以承祭祀，洋洋[3]乎！如在其上，如在其左右。《诗》[4]曰：'神之格思，不可度思，矧可射思。'[5]夫微[6]，之显[7]，诚之不可揜[8]，如此夫！"

【注释】

1. 体物：体察事物。

2. 齐明盛服：齐，通"斋"，斋戒。明，洁净。盛服：即盛装。

3. 洋洋：舒缓漂浮的样子。

4.《诗》：指《诗经·大雅·抑》篇。原为西周时卫武公刺厉王，以自警之诗。所引三句，在于说明中庸之道用广而体精微。

5. 神之格思，不可度思，矧可射思：格，来临。思，语气词。度，揣度。矧，况且。射，厌，指厌怠不敬。

6. 微：鬼神之事，虚无缥缈。

7. 显：鬼神降祸福于人间又很明显。

8. 揜：掩盖、遮掩。

【释义】

孔子说："鬼神所表现的功德，那是多么的美盛啊！鬼神的功德，看它没有行迹，听它没有声音，但世间万物无不是鬼神所化育，所以体察天下万物是不能遗弃鬼神的。因为，鬼神可以使普天下的人在祭祀的时节斋戒净心，穿着庄重整齐的服装去祭祀它，这时，鬼神好像就在你的头上，好像就在你左右。《诗经》中说：'神的降临，不可揣测，怎么能够怠慢不敬呢？'鬼神的事本来就是隐匿虚无的，而善赐福、恶降祸却很明显，所以说鬼神赐福降祸不可掩盖，就是这样啊！"

【导读】

本章借孔子对鬼神的论述说明道无所不在，道"不可须臾离"。另一方面，也是照应前面来说明"君子之道费而隐"，广大而又精微。看它也看不见，听它也听不到是"隐"，是精微；但它却体现在万物之中，使人无法离开它，是"费"，是广大。做一个形象的比喻，道也好，鬼神也好，就像空气一样，看不见，听不到，但却无处不在，无时不在，任何人也离不开它。既然如此，当然应该是中庸之道用费体隐，用之广而体精微，而诚为其本。

16. 德大受命

【原文】

子曰："舜其大孝也与! 德为圣人, 尊为天子, 富有四海之内, 宗庙飨之[1], 子孙保之。故大德, 必得其位, 必得其禄, 必得其名, 必得其寿。故天之生物, 必因其材[2]而笃[3]焉, 故栽者培[4]之, 倾者覆[5]之。

《诗》[6]曰:'嘉乐[7]君子, 宪宪令德[8]。宜民宜人[9], 受禄于天。保佑命之, 自天申[10]之。'故大德者必受命。"

【注释】

1. 宗庙飨之:宗庙:古代天子、诸侯祭祀先王的地方。飨:一种祭祀形式, 祭先王。之, 代词, 指舜。

2. 材:资质, 本性。

3. 笃:厚, 这里指厚待。

4. 培:培育。

5. 覆:倾覆, 摧败。

6.《诗》:指《诗经·大雅·假乐》, 这是一首歌颂周成王的诗。引诗为《假乐》篇的第一章, 重申有大德必受命的观点。

7. 嘉乐:即《诗经》之"假乐", "假"通"嘉", 意为美善。

8. 宪宪令德:《诗经》作"显显", 显明兴盛的样子。令, 美好。令德:美德。

9. 宜民宜人:民, 泛指庶人。人, 不包括庶人的"民"在内, 一般指士大夫以上的人, 有地位的贵族。

10. 申:重申。

【释义】

孔子说:"舜该是个最孝顺的人了吧? 德行方面是圣人, 地位上是尊贵的天子, 财富拥有整个天下, 宗庙里祭祀他, 子子孙孙都保持他的功业。

所以，有大德的人必定得到他应得的地位，必定得到他应得的财富，必定得到他应得的名声，必定得到他应得的长寿。所以，上天生养万物，必定根据它们的资质而厚待它们。能成材的得到培育，不能成材的就遭到淘汰。《诗经》中说：'高尚优雅的君子，有光明美好的德行，让人民安居乐业，享受上天赐予的福禄。上天保佑他，任用他，给他以重大的使命。'这就是出自上天的意志啊。"

【导读】

本章以舜为例，阐明中庸之道的功用，教育人们以其为榜样，慎修中庸之道。天生我材必有用。在此首先言明舜之德在于其具有的中庸之德，只要修身而提高德行，"居易以俟命"，总有一天会受命于天，担当起治国平天下的重任。由此看来，儒学并不是绝对排斥功利，而只是反对那种急功近利，不安分守己的做法。换言之，儒学所强调的，是从内功练起，修养自身，提高自身的德行和才能，然后顺其自然，水到渠成地获得自己应该获得的一切。这其实也正是中庸之道的精神——凡事循序渐进，一步一个脚印走下去。其次引《诗》说明中庸之道功用之大，如孟子言"古之人修其天爵而人爵从之"；具有中庸之德的乐善君子，天一定保佑他。

17. 治国之道

【原文】

哀公[1]问政。子曰："文武之政，布在方策[2]。其人[3]存，则其政举[4]；其人亡，则其政息[5]。人道[6]敏[7]政，地道[8]敏树。夫政也者，蒲卢[9]也。

故为政在人，取人以身，修身以道，修道以仁。仁者，人也，亲亲为大[10]。义者，宜也，尊贤为大。亲亲之杀[11]，尊贤之等[12]，礼所生[13]也。

在下位[14]不获[15]乎上，民[16]不可得[17]而治矣！故君子不可以不修身；思修身，不可以不事亲；思事亲，不可以不知人[18]；思知人，不可以不知天[19]。

天下之达道五，所以行之者三。曰：君臣也；父子也；夫妇也；昆弟[20]也；

朋友之交也。五者，天下之达道也。'知、仁、勇²¹'三者，天下之达德也。所以行之者一²²也。

或生而知之，或学而知之，或困而知之；及其知之一也。或安而行之，或利而行之，或勉强而行之；及其成功一也。

子曰："好学近乎知，力行近乎仁，知耻近乎勇。"

"知斯²³三者，则知所以²⁴修身；知所以修身，则知所以治人；知所以治人，则知所以治天下国家矣。"

"凡为天下国家有九经²⁵。曰：修身也，尊贤也，亲亲也，敬大臣也，体²⁶群臣也，子庶民²⁷也，来百工²⁸也，柔远人²⁹也，怀³⁰诸侯也。"

"修身，则道立；尊贤，则不惑；亲亲，则诸父昆弟不怨；敬大臣，则不眩³¹；体群臣，则士之报礼重；子庶民，则百姓劝³²；来百工，则财用足；柔远人，则四方归之；怀诸侯，则天下畏之。"

"齐明盛服，非礼不动，所以修身也；去谗³³远色，贱货而贵德，所以劝贤也；尊其位，重其禄，同其好恶，所以劝亲亲也；官盛³⁴任使，所以劝大臣也；忠信重禄，所以劝士也；时使薄敛³⁵，所以劝百姓也；日省月试³⁶，既廪称事³⁷，所以劝百工也；送往迎来，嘉善而矜³⁸不能，所以柔远人也；继绝世³⁹，举废国⁴⁰，治乱持危⁴¹，朝聘⁴²以时，厚往而薄来，所以怀诸侯也。凡为天下国家有九经，所以行之者一⁴³也。"

"凡事豫⁴⁴则立，不豫则废。言前定，则不跲⁴⁵；事前定，则不困；行前定，则不疚；道前定，则不穷。"

"在下位，不获乎上，民不可得而治矣。获乎上有道：不信⁴⁶乎朋友，不获乎上矣；信乎朋友有道，不顺⁴⁷乎亲，不信乎朋友矣。顺乎亲有道：反诸身不诚，不顺乎亲矣。诚身有道，不明⁴⁸乎善，不诚乎身矣。"

"诚⁴⁹者，天之道也；诚之⁵⁰者，人之道也。诚者，不勉而中，不思而得，从容中道⁵¹，圣人也。诚之者，择善而固执⁵²之者也。"

"博学⁵³之，审问⁵⁴之，慎思⁵⁵之，明辨⁵⁶之，笃行⁵⁷之。有弗⁵⁸学，学之弗能弗措⁵⁹也；有弗问，问之弗知弗措也；有弗思，思之弗得弗措也；有弗辨，辨之弗明弗措也；有弗行，行之弗笃弗措也。人一能之，己百之；人十能之，己千之。果能此道矣，虽愚必明，虽柔必强。"

【注释】

1. 哀公：春秋时鲁国国君。姓姬，名蒋，"哀"是谥号。

2. 布在方策：布，陈列。方，书写用的木板。策，书写用的竹简。

3. 其人：指文王、武王。

4. 举：举起。引申为推行。

5. 息：止息。

6. 人道：是我国古代哲学中与天道相对的概念，这里指以人施政的道理。

7. 敏：迅速、敏捷。

8. 地道：谓以沃土种植的道理。

9. 蒲卢：即芦苇。芦苇性柔而具有可塑性。

10. 亲亲为大：意思是说，人们虽然相互亲爱，但都是以爱自己的亲属为主要方面。亲亲，前一个"亲"字为动词，意为爱，后一个"亲"字为名词，指亲属、亲人。

11. 杀：减少，降等。

12. 等：等级。

13. 生：产生。

14. 下位：指处在臣子的地位，与君位对比而言。

15. 获：获得。

16. 民：人民。

17. 得：能。

18. 知人：了解人。

19. 知天：了解天，即知自然之天理。

20. 昆弟：兄和弟。

21. 知、仁、勇：这三种是儒家的伦理思想，被誉为通行于天下的美德。知，智慧。仁，仁德。勇，勇敢。

22. 一：专一，诚实。

23. 斯：这。指示代词。

24. 所以：怎样。

25. 九经：九条准则。经，准则。

26. 体：体察，体恤。

27. 子庶民：以庶民为子。子，动词，爱……如子。庶民，平民。

28. 来百工：来，招来。百工，各种工匠。

29. 柔远人：安抚边远地方来的人。

30. 怀：安抚。

31. 眩：眼花。引申为迷惑。

32. 劝：勉力，努力。

33. 谗：说别人的坏话，这里指说坏话的人。

34. 官盛：官属众多。

35. 时使薄敛：时使，指使用百姓劳役有一定时间，不误农时。薄敛：赋税轻。

36. 日省月试：古代对百工每日考察，每月考评其勤惰而发给报酬。

37. 既禀称事：既，即"饩"，指赠送别人粮食或饲料。禀，给予粮食。称，符合。事，工效。

38. 嘉善而矜：嘉善，嘉奖善的、好的。矜，怜悯，同情。

39. 继绝世：延续已经中断的家庭世系。

40. 举废国：复兴已经没落的邦国。

41. 治乱持危：治平乱事，扶危为安。

42. 朝聘：诸侯定期朝见天子。每年一见叫小聘，三年一见叫大聘，五年一见叫朝聘。

43. 一：诚。

44. 豫：同"预"，预备。

45. 跲：说话不流畅。

46. 信：信任。

47. 顺：顺从、和顺。

48. 明：明白。

49. 诚：上天赋予人们的道理。

50. 诚之：人为的道理。

51. 中道：中庸之道。

52. 固执：坚守不渝。执，握住。

53. 博学：广博地学习。

54. 审问：审慎地询问。

55. 慎思：慎重地思考。

56. 明辨：明晰地辨析。

57. 笃行：笃实地履行。

58. 弗：不。

59. 措：放弃。引申为停止。

【释义】

鲁哀公向孔子询问政事。孔子答说："周文王、周武王的政事都记载在典籍上。他们在世，这些政事就实施；他们去世，这些政事也就废弛了。治理人的途径是勤于政事；治理地的途径是多种树木。说起来，政事就像芦苇一样，完全取决于用什么人。

要得到适用的人在于修养自己，修养自己在于遵循中庸之道，遵循中庸之道要从仁义做起。仁就是爱人，亲爱父母是最大的仁。义就是事事做得适宜，尊重贤人是最大的义。至于说亲爱亲族要分亲疏，尊重贤人要有等级，这都是礼的要求。

在下位的人臣，如果不先得到君主的信任，就不能得民心，就不能治理人民。所以，君子不能不修养自己。要修养自己，就不能不侍奉亲族；要侍奉亲族，就不能不了解他人；要了解他人，就不能不知道天理。因为理是从天而出，知天才能知人。

天下人共有的伦常关系有五种，用来处理这五种伦常关系的美德有三种。君臣、父子、夫妇、兄弟、朋友之道，这五种是天下人共行的大道。智、仁、勇，这三种就是天下共行的美德。而实行这些大道和美德的方法只能是诚实专一。

"用达德去行达道，从'知'的情况看，有的人生来就知道它们，有的人通过学习才知道它们，有的人要遇到困难后才知道它们，但只要他们最终都知道了，也就是一样的了。从'行'的情况看，有的人自觉自愿地去实行它们，有的人为了某种好处才去实行它们，有的人勉勉强强地去实行，但只要他们最终都实行起来了，也就是一样的了。"

孔子说："喜欢学习就接近了智，努力行善就接近了仁，知道羞耻就接近了刚勇了。"

"知道这三点，就知道怎样修养自己了，知道了怎样修养自己，就知道怎样管理他人，知道怎样管理他人，就知道怎样治理天下和国家了。"

"治理天下和国家有九条原则。那就是：修养自身，尊崇贤人，亲爱亲族，敬重大臣，体恤群臣，爱民如子，招纳工匠，优待远客，安抚诸侯。"

"修养自身就能确立正道；尊崇贤人就不会思想困惑；亲爱亲族就不会惹得叔伯兄弟怨恨；敬重大臣就不会遇事无措；体恤群臣，士人们就会竭力报效；爱民如子，老百姓就会忠心耿耿；招纳工匠，财物就会充足；优待远客，四方百姓就会归顺；安抚诸侯，天下的人就都会敬畏了。"

"必须内心虔诚外表端庄，不符合礼仪的事坚决不做，这是提高自身品德修养的方法；摒弃小人，疏远女色，看轻财物而重视德行，这才是劝勉贤人的最好方法；提高亲族的地位，给他们以丰厚的俸禄，与他们爱憎相一致，这才是劝勉人们去爱自己亲人的好方法；为大臣多设属官，足够使令，这才是奖励大臣的好方法；对待士真心诚意地任用他们，并给他们以较多的俸禄，这是为了劝勉士为国效力的好方法；使用民役不误农时，少收赋税，这是劝勉百姓努力从事生产的好方法；经常省视工匠的工作，按劳付酬，这是劝勉工匠努力工作的好方法；对于远来的客人盛情欢迎，热情欢送，嘉奖有善行的人，救济有困难的人，这是招徕远客的好方法；延续绝后的家族，复兴灭亡的国家，治理祸乱，扶持危难，让诸侯按时接受朝见，贡礼薄收，赏赐厚重，这是安抚诸侯的好方法。总而言之，治理天下和国家有九条原则，但实行这些的方法只有一条，即诚实专一。"

"任何事情，事先有预备就会成功，没有预备就会失败。说话先有预备，就不会中断；做事先有预备，就不会受挫；行动先有预备，就不会做不下去而抱愧；实行中庸之道，必须事先用功奋勉，然后实行，道就无穷无尽了。"

"处在下位的人臣，如果得不到在上位的君王的信任和支持，就不可能治理好平民百姓。要想得到在上位的君王的信任是有一定的方法的，就是交朋友时要讲信任，如果得不到朋友的信任那就得不到在上位的君王的信任；要得到朋友的信任也是有一定方法的，就是孝顺父母，如果不孝顺父母就得不到朋友的信任；要孝顺父母也有一定的方法，就是要使自己真诚，不能使自己真诚，就不能孝顺父母；要使自己真诚，有一定的方法，就是要显示出自己善的本性来，如果不能使自己善的本性显示出来，那就不能诚身了。所以用达德、行达道、行九经，推行文武事业的人一定要先诚身。

真诚，是上天赋予人们的道理，追求真诚是做人的原则。天生真诚的人，不用勉强就能做到，不用思考言行就能得当，举止就会符合中庸之道，这样的人是我们所说的圣人。努力做到真诚，就要选择美好的目标执着追求。

"求诚的功夫，须经过五个层次。广博地学习，细密探究事物的原理，对所学的要谨慎思考，辨别是非，获得了真理后，就要去践行。有的东西要么不学，学了没有学会绝不罢休；有的东西要么不问，问了没有懂得绝不罢休；有的问题要么不想，想了没有想通绝不罢休；有的事情要么不分辨，分辨了没有明确绝不罢休；有一件事情要么不实行，实行了没有成效绝不罢休。别人用一分努力就能做到的，我用一百分的努力去做；别人用十分的努力做到的，我用一千分的努力去做。如果真能够做到这样，即使愚笨的人也一定可以聪明起来，即使柔弱的人也一定可以刚强起来。"

【导读】

这一章是《中庸》全篇的枢纽。此前各章主要是从方方面面论述中庸之道的普遍性和重要性，这一章则从鲁哀公询问政事引入，借孔子的回答提出了政事与人的修养的密切关系，从而推导出天下人共有的五项伦常关系、三种德行、治理天下国家的九条原则，最后落脚到"真诚"的问题上来，并提出了做到真诚的五个具体方面。本章以后各章，就是围绕"真诚"的问题而展开。本章分十四小节论述。

第一节首先谈的是政治问题。孔子把政治比作芦苇，取的是它的可塑性。意思是说：什么样的人执政，就会有什么样的政治。尧舜禹汤文武执政，于是有仁政；纣王执政，于是有酒池肉林；始皇执政，于是有焚书坑儒；太宗执政，于是有贞观之治，如此等等。所以，孔子提出"为政在人"的问题，强调执政者的修养。

第二节承上文为政在人的观点，进一步指出施政者应修身明礼，以成仁人。层层深入论述取得贤人当以道修身正，仁、义为之，方能使贤人归之。

第三节承上节而论述修身的步骤，是《中庸》开头"天命之谓性"的逆推，推及修身的要求：知天是开头，然后知人、事亲、修身，皆得其理。

第四节论述关于天下人共有的五项伦常关系，除了因进入民主时代而再无君臣关系外，其他几项关系都依然是与我们血肉相连而不可分割的，也都是需要我们正确处理而不可忽视的。至于处理这几项关系的三种德行：智、仁、勇，自是应有之意。在这里孔子又从另一角度指出，实行智、仁、勇，应用一个"诚"字来统摄。

第五节论述不同资质（生知、学知、困知）、不同目的（安然自得去做、为利益驱动去做、勉强去做）的人追求中庸之道，虽然层次不同，但是达到目的是一致的。如宋程颢说："求知有三，知之则一。行之有三，成功则一。"

第六节承前节论述好学、力行、知耻接近于智、仁、勇三达德，为入德之门径。

第七节论述从好学、力行、知耻入手，具备了智、仁、勇三达德，就可以修身、知人、平治天下了。从总结上文之意，这就是《大学》所说"壹是皆以修身为本"，"身修、家齐、国治而后天下平"了。

第八节论述的是关于治理天下国家的九条原则，实际上是《大学》里提出的修身、齐家、治国、平天下几个阶段的具体展开。这九条铺排有序，"九经"之用充分体现了儒家的德治思想。

第九节展开论述执行"九经"的作用。即执行九条原则，就会使国家兴旺、百姓悦服、天下太平。

第十节论述实施"九经"的方法。一为以礼修身，二要劝贤，三要劝亲亲，四要劝大臣，五要劝勉士人，六要劝百姓，七要劝百工，八要怀柔远人，九要安抚诸侯。这九种方法实行起来，只是一个"诚"字。这就是中庸之道。

第十一节论述成事必先预谋，落实于诚。值得注意的是"凡事豫则立，不豫则废"的思想，与孔子所说的"人无远虑，必有近忧"相近，都是未雨绸缪，不临渴而掘井，意在防患于未然，具有深刻的哲学内涵，值得我们贯彻到实际生活中去。

第十二节层层深入剖析了"诚身明善"是"治民之本"。与《大学》以"致知、诚意"为"治国平天下"之本同一道理。

第十三节论述诚者与诚之者的区别，即天道与人道的区别。说到如何做到真诚的问题，"择善固执"是纲，选定美好的目标而执着追求。

第十四节论述"择善固执"的一般常人择善求诚的五种功夫，其中"明辨、笃行"是目，是追求的手段。立于"弗措"的精神，"人一能之，己百之；人十能之，己千之"的态度，则都是执着的体现。"弗措"的精神，也就是《荀子·劝学》里的名言"锲而舍之，朽木不折；锲而不舍，金石可镂"的精神；"人一能之，己百之；人十能之，己千之"的态度，也就是俗语所说的"笨鸟先飞"的态度，龟兔赛跑的寓言里那获胜的乌龟的态度。其实，无论是纲还是目，也无论是精神还是态度，都绝不仅仅适用于对真诚的追求，在学习、工作、生活的方方面面，抓住这样的纲，张开这样的目，坚持这样的精神与态度，什么样的困难都能克服，什么样的成功都能取得！

总之，本章内容丰富而涵盖面广，次第缜密，以"诚"为枢纽，推广中庸之道，包费隐、兼大小，以归于问学之本源。几乎涉及到《大学》格、致、诚、正、修、齐、治、平的各个环节，特别值得引起我们的重视。

18. 诚则明，明则诚

【原文】

自[1]诚明[2]，谓之性；自明诚[3]，谓之教。诚则[4]明矣，明则诚矣。

【注释】

1.自：从，由。

2.诚明：诚先而后明。明，明白。

3.明诚：明先而后诚。

4.则：即，就。

【释义】

由至诚而后又明德，是圣人的自然天性，所以叫作性。由明德而后有至诚，是贤人经过学习而达到至诚，所以叫作教。有了诚就无不明，有了明就可以算作诚了。

【导读】

本章概言诚与明的辩证关系：自诚使明，诚之效也；由明而诚，明之用也! 诚虽为天之道，但"诚之"却可为人之道，圣贤可由诚而明，庶人皆可因明而诚，所谓异曲同工罢了。期间要义在于教亦在于学。以下十章皆绕"诚"围"诚"而论。

19. 至诚可参天地

【原文】

唯天下至诚，为能尽其性^1；能尽其性，则能尽人之性；能尽人之性，则能尽物之性；能尽物之性，则可以赞^{2}天地之化育^3；可以赞天地之化育，则可以与天地参^{4}矣。

【注释】

1.尽其性：充分发挥本性。

2.赞：帮助。

3.化育：化生和养育。

4.参：并立。

【释义】

只有天下至诚的圣人，才能充分发挥他的本性；能充分发挥他的本性，就能充分发挥众人的本性；能充分发挥众人的本性，就能充分发挥万物的本性；能充分发挥万物的本性，就可以帮助天地对万事万物进行演化和发展；能帮助天地对万事万物进行演化发展，那么至诚的功用就可以与天地并列为三了。

【导读】

本章谓诚明之理。真诚者只有首先对自己真诚，才能及人、及物，终至于天。也由此，真诚可使人立于天地并列为三的不朽地位。这也是申述了首章"致中和、天地位焉，万物育焉"的意思。

20. 至诚能化

【原文】

其次致曲[1]，曲能有诚，诚则形[2]，形则著[3]，著则明[4]，明则动[5]，动则变[6]，变则化[7]。唯天下至诚为能化。

【注释】

1. 其次致曲：其次，次一等的人，即次于"自诚明"的圣人的人，也就是贤人。致曲，致力于某一方面。
2. 形：显露，表现。
3. 著：显著。
4. 明：光明。
5. 动：感动。
6. 变：改变。
7. 化：化育万物。

【释义】

次于至诚的人，就尽力推致一个方面的功夫而达到诚。果能一件件推致，无遗漏，就能得到全体的诚了。做到了诚就会表现出来，表现出来就会逐渐显著，显著了就会发扬光大，发扬光大就会感动他人，感动他人就会引起转变，引起转变就能日积月累化育万物。只有天下最真诚的人能化育万物，达到这种境界。

【导读】

本章细言明诚之路。上一章说的是天生至诚的圣人，这一章说的是比圣人次一等的贤人。换句话说，圣人是"自诚明"，天生就真诚的人，贤人则是"自明诚"，即通过后天教育明白道理后才真诚的人。贤人虽然致力于某一方面，但通过教育和修养，通过"形、著、明、动、变、化"的阶段，同样可以一步一步地达到圣人的境界：化育万物，与天地并列为三。所以说"唯天下至诚为能化"。简言之，只要努力奋斗，最终都可以大功告成。

21. 国家兴亡，必有征兆

【原文】

至诚之道，可以前知[1]。国家将兴，必有祯祥[2]；国家将亡，必有妖孽[3]。见乎蓍龟[4]，动乎四体[5]。祸福将至，善，必先知之；不善，必先知之。故至诚如神[6]。

【注释】

1. 前知：预知未来。
2. 祯祥：吉祥的预兆。
3. 妖孽：物类反常的现象。草木之类称妖，虫豸之类称孽。
4. 见乎蓍龟：见，呈现。蓍龟，蓍草和龟甲，用来占卜。
5. 四体：手足，指动作仪态。
6. 如神：如神一样微妙，不可言说。

【释义】

只有至诚的道可以预知未来的事。国家将要兴旺，必然有吉祥的征兆；国家将要衰亡，必然有不祥的反常现象。这些现象会呈现在蓍草和龟甲上，表现在手脚动作上。祸福将要来临时，是福，可以预先知道；是祸，也可以预先知道。所以至诚的人能预见到祸福的征兆，灵验如神。

【导读】

本章论述至诚之道的功用：可以见微知著，预知祸福。

至于"国家将兴，必有祯祥；国家将亡，必有妖孽"的现象，历代的正史野史中记载可说比比皆是。其实，撩开神秘面纱，意思不外乎是说，由于心灵达到了至诚的境界，不被私心杂念所迷惑，就能洞悉世间万物的根本规律，因而能够预知未来的吉凶祸福、兴亡盛衰。正如《老子》说"福兮祸所倚，祸兮福所伏"。吉凶之来，都是有征兆可循的。

22.成人成物

【原文】

诚者，自成[1]也；而道，自道[2]也。诚者，物之终始，不诚无物。是故，君子诚之为贵。诚者，非自成己[3]而已也，所以成物也。成己，仁也；成物，知也。性之德也，合外内之道也，故时措[4]之宜也。

【注释】

1. 自成：指物之所以自然成就。
2. 自道：自己所当行的路径。
3. 成己：使自己有成就。
4. 措：施行。

【释义】

诚是天命的性，是自成的；道是率性的理，是应当自己去实行的。诚是事物的发端和归宿，没有诚就没有了世界上的万事万物。所以君子以诚为贵。所谓诚并不是自我完善就够了，而是还要完善万事万物。自我完善是仁，完善万事万物是智。仁和智是出于人们天性中的固有美德，是融合自身与外物的准则，所以经常施行就没有不适宜之处了。

【导读】

本章论述人道、自成、成物。好学近乎智，力行近乎仁。这里把智、仁与诚的修养结合起来了。因为，诚从大的方面说，是事物的根本规律，是事物的发端和归宿；诚从小的方面说，是自我的内心完善。所以，要修养"诚"就必须做到物我同一，天人合一。君子求"诚"，必须通过学、问、思、辨、行五个环节，实践、理论；理论、实践，知行合一，循环往复，达到"诚"的境界。

23. 至诚无息

【原文】

故至诚无息[1]，不息则久，久则征[2]，征则悠远，悠远则博厚，博厚则高明。博厚，所以载物也；高明，所以覆物也；悠久，所以成物也。博厚配[3]地，高明配天，悠久无疆[4]。如此者，不见而章[5]，不动而变，无为而成。

天地之道，可一言[6]而尽也：其为物不贰[7]，则其生物不测[8]。天地之道，博也，厚也，高也，明也，悠也，久也。今夫天，斯昭昭[9]之多，及其无穷也，日月星辰系[10]焉，万物覆焉。今夫地，一撮土之多；及其广厚，载华岳而不重，振[11]河海而不泄[12]，万物载焉。今夫山，一卷石[13]之多，及其广大，草木生之，禽兽居之，宝藏兴焉。今夫水，一勺之多，及其不测，鼋、鼍、蛟龙、鱼、鳖生焉，货财殖[14]焉。

《诗》[15]云："维天之命，於穆[16]不已。"盖曰：天之所以为天也。"於乎[17]不显，文王之德之纯。"盖曰：文王之所以为文也，纯亦不已[18]。

【注释】

1. 息：止息，休止。
2. 征：征验，显露于外。
3. 配：匹配。

4. 无疆：无穷无尽。

5. 不见而章：见，显现。章，即彰，彰明。

6. 一言：即一字，指"诚"字。

7. 不贰：诚是忠诚如一，所以不贰。

8. 不测：不能估计、测度。

9. 斯昭昭：斯，此。昭昭，小小的光明。

10. 系：悬挂。

11. 振：通"整"，整治，引申为收容、容纳。

12. 泄：泄露、渗漏。

13. 一卷石：一拳头大的石头。卷：通"拳"。

14. 殖：生殖、产生。

15. 《诗》：指《诗经·周颂·维天之命》篇。这是一首祭祀周文王的乐歌。

16. 於穆：於，语气词。穆，深远。

17. 於乎：叹词。

18. 纯亦不已：纯，纯洁无瑕。不已，不停止。

【释义】

　　所以，至诚的道理是没有止息的。没有止息就会保持长久流传，保持长久流传就会得到验证，得到验证就会悠远无穷，悠远无穷就会广博深厚，广博深厚就会精明高妙。广博深厚的作用是承载万物；精明高妙的作用是覆盖万物；悠远长久的作用是生成万物。广博深厚可以与地相比，精明高妙可以与天相比，悠远长久则是永无止境。达到这样的境界，不显示也会自然彰明，不去行动也会自然感人化物，虽然无所作为，却也会自然获得成功。

　　天地的法则，简直可以用一个"诚"字来囊括：诚本身专一不二，所以化生万物，形形色色，难以预知其中奥秘。天地的法则，就是广博、深厚、高妙、精明、悠远、长久。今天我们所说的天，原本不过是由一点一点的光明聚积起来的，可等到它无边无际时，日月星辰都靠它维系，世界万物都靠它覆盖。今天我们所说的地，原本不过是由一撮土一撮土聚积起来的，可等到它广博深厚时，承载像华山那样的崇山峻岭也不觉得重，容纳那众多的江河湖海也不会泄漏，世间万物都由它承载了。今天我们所说的山，原本不过是由小小的石块聚积起来的，可等到它高大无比时，草木在上面生长，禽兽在上面居住，宝藏在上面储藏。今天我们所说的水，原本不过是一勺一勺聚积起来的，可等到它浩瀚无涯时，蛟龙鱼鳖等都在里面生长，珍珠珊瑚等有价值的东西也都在里面繁殖出来。

《诗经》中说："天命多么深远啊，永远无穷无尽！"这大概就是说的天之所以为天的原因吧。"多么显赫光明啊，文王的品德纯真无二！"这大概就是说的文王之所以被称为"文"王的原因吧。就是因为纯洁无瑕的品德常行不止。

【导读】

本章分三节叙述，进一步阐明至诚的意义、功用，勉励人们不停息地追求至诚，以符合于天道。

第一节论述至诚之德，经久不息而至博厚、高明、配乎天地，极乎无疆。论述至诚的效用，则需内外结合，则无为而成，终极由真诚的追求而达到与天地并列为三的目的。这使人想到诗人屈原在《橘颂》里的咏叹："秉德无私，参天地兮！"实质上是一种巨人哲学，一种英雄主义追求。

第二节以天地山水之积来说明至诚无息的功用。从微至著，从小到大，天地山水，宇宙之广，都可以用诚来概括。从理论和实例两个方面充分进行了说明。

第三节引《诗》进一步说明至诚无息的功用。

24. 明哲保身，进退自如

【原文】

大哉[1]圣人之道！洋洋[2]乎发育万物，峻极[3]于天。优优[4]大哉，礼仪[5]三百，威仪[6]三千。待其人[7]而后行。

故曰：苟不至德[8]，至道不凝[9]焉。故君子尊德性而道问学[10]，致广大而尽精微，极高明而道中庸，温故而知新，敦厚以崇礼。

是故居上不骄，为下不倍¹¹。国有道，其言足以兴¹²；国无道，其默足以容¹³。《诗》¹⁴曰："既明且哲¹⁵，以保¹⁶其身。"其此之谓与！

【注释】

1. 大哉：伟大啊！

2. 洋洋：盛大，满盈。

3. 峻极：极其高峻。于，至。

4. 优优：充足有余。

5. 礼仪：古代礼节的主要规则，又称经礼。

6. 威仪：古代典礼中的动作规范及待人接物的礼节，又称曲礼。

7. 其人：指圣人。

8. 苟不至德：如果没有极高的德行。苟，如果。

9. 凝：引申为成功。

10. 问学：询问，学习。

11. 倍：通"悖"，违背。

12. 兴：指振兴国家。

13. 容：容身，指保全自己。

14. 《诗》：指《诗经·大雅·烝民》篇。这是一首歌颂周宣王的臣子的诗。

15. 哲：智慧，指通达事理。

16. 保：保全。

【释义】

伟大啊，圣人的道德！浩瀚无边，生养万物，与天一样崇高，无所不包。真是充裕而伟大啊，礼仪三百条，威仪三千条。这些都有待于圣人来实行。

所以说，如果没有极高的德行，就不能成就极高的道。因此，君子尊崇道德修养而追求知识学问；达到广博境界而又钻研精微之处；洞察一切而又奉行中庸之道；温习已有的知识从而获得新知识；诚心诚意地崇奉礼节。

所以，君子身居高位不骄傲，身居低位不自弃，国家政治清明时，他的言论足以振兴国家；国家政治黑暗时，他的沉默足以保全自己。《诗经》中说："既明智又通达事理，可以保全自身。"大概就是说的这个意思吧！

【导读】

这一章分三节论述，在继续盛赞圣人之道的基础上，提出了两个层次的重要问题，教育君子求至诚的中庸之道。

第一节分两个层次，先歌颂圣人之道高大、广厚——充满于天地之间，无所不包，然后言道用之广，必得圣人、贤人而后行之。

第二节承上文阐明君子欲行圣人之道，必勤学修德，德与道合，以达至诚，修养德行以适应圣人之道的问题。因为没有极高的德行，就不能成就极高的道。此节提出第一个层次的问题：所以君子应该"尊崇道德修养而追求知识学问；达到广博境界而又钻研精微之处；洞察一切而又奉行中庸之道；温习已有的知识从而获得新知识；诚心诚意地崇奉礼节。"朱熹认为，这五句"大小相资，首尾相应"，最得圣贤精神，要求学者尽心尽意研习。其实，五句所论不外乎尊崇道德修养和追求知识学问这两个方面，用我们今天的话来说，也就是"德育"和"智育"的问题。其性质内涵自然有本质的不同，但其入手的途径却是相通的。

第三节引《诗》申述尊德性、道问学以求至诚之道，则明能任事，哲能保身，永远立于不败之地。此节提出第二个层次的问题：即有了德、智两方面的修养，是不是就可以通行无阻地实现圣人之道了呢？问题当然不是如此简单。修养是主观方面的准备，而实现圣人之道还有赖于客观现实方面的条件。客观现实条件具备当然就可以大行其道，客观现实条件不具备又应该怎样做呢？这就需要"居上不骄，为下不倍"，身居高位不骄做，"富贵不能淫，贫贱不能移，威武不能屈"的大丈夫气概。至于"国有道其言足以兴，国无道其默足以容"的态度，则是与孟子所说的"穷则独善其身，达则兼善天下"一脉相承的，都是对于现实政治的一种处置，一种适应。反过来说，也就是一种安身立命，进退仕途的艺术，所以，归根结底，还是"既明且哲，以保其身"。当然，说者容易做者难，看似平淡却艰辛，要做到明哲保身，的确是非常不容易的。

所以宋代陆游直截了当地感叹道："信乎明哲保身之难也！"

25. 愚而好用，贱而好专

【原文】

子曰："愚而好自用[1]；贱而好自专[2]；生乎今之世，反[3]古之道；如此者，灾及其身者也。"

"非天子，不议礼，不制度[4]，不考文[5]。今天下，车同轨，书同文，行同伦[6]。虽有其位，苟无其德，不敢作礼乐焉；虽有其德，苟无其位，亦不敢作礼乐[7]焉。"

子曰："吾说[8]夏礼[9]，杞[10]不足征也；吾学殷礼[11]，有宋[12]存焉。吾学周礼[13]，今用之，吾从[14]周。"

【注释】

1. 自用：凭自己主观意图行事，自以为是，不听别人意见，即刚愎自用的意思。

2. 自专：独断专行。

3. 反：通"返"，引申为恢复。

4. 制度：在这里做动词用，指制订法度。

5. 考文，考订文字规范。

6. 车同轨，书同文，行同伦：车同轨，指车子的轮距一致；书同文，指字体统一；行同伦，指伦理道德相同。这种情况是秦始皇统一六国后才出现的，据此知道《中庸》有些章节的确是秦代儒者所增加的。

7. 乐：音乐。

8. 说：通"悦"，喜爱、喜欢。也作解说讲。

9. 夏礼：夏朝的礼制。

10. 杞：国名，传说是周武王封夏禹的后代于此，故城在河南杞县。

11. 殷礼：殷朝的礼制。

12. 宋：国名，商汤的后代居此，故城在今河南商丘县南。

13. 周礼：周朝的礼制。

14. 从：遵从、听从。

【释义】

孔子说："愚昧的人却往往喜欢自以为是，卑贱的人却常常喜欢独断专行。生于现在的时代，反而推行古代的道理。这样做，灾祸一定会降临到身上。"

不是有德行的天子，不要议订礼仪，不要制订法度，不要考订文字规范。现在天下统一，车子的轮距一致，文字的字体统一，伦理道德相同。虽处在天子的地位，如果没有圣人的美德，是不敢轻易制作礼乐制度的；虽然有圣人的美德，如果没有天子的地位，也是不敢轻易制作礼乐制度的。

孔子说："我喜欢夏朝的礼制，夏的后裔杞国已不足以验证它；我学习殷朝的礼制，殷的后裔宋国还残存着它；我学习周朝的礼制，现在还实行着它，所以我也遵从周礼。"

【导读】

本章承接上一章，发挥了"为下不倍"的意思。反对自以为是，独断专行，也有"不在其位，不谋其政"的意思。归根结底，其实还是素位而行、安分守己的问题。教育人要顺时而动，分三节论述。

第一节论主观专断的人，欲推行古道，必将及灾。这样的人历史上既已有之，如：春秋时期的宋襄公、燕王哙就是不合时中而遭受灾祸。

第二节论述议礼、制度、考文，必圣人在天子之位始能行之，否则不合时中。

第三节引孔子的话，进一步申述宜行中庸之时中，生于今世而从今之政，来照应全文。这里值得注意的是，所引孔子的话否定了那种"生乎今之世反古之道"的人，这与一般认为孔子主张"克己复礼"，具有复古主义倾向的看法似乎有些冲突。其实，孔子所要复的礼，恰好是那种"今用之"的"周礼"，而不是"古之道"的"夏礼"和"殷礼"。

26. 不尊不信民弗从

【原文】

王天下有三重焉[1]，其寡过[2]矣乎! 上焉者[3]，虽善无征；无征不信；不信民弗从。下焉者[4]，虽善不尊[5]；不尊不信；不信民弗从。故君子之道，本诸身，征诸庶民，考诸三王[6]而不缪，建[7]诸天地而不悖，质[8]诸鬼神而无疑，百世以俟[9]圣人而不惑。质诸鬼神而无疑，知天也；百世以俟圣人而不惑，知人也。

是故，君子动[10]而世为天下道[11]，行而世为天下法[12]，言而世为天下则。远之则有望[13]，近之则不厌[14]。

《诗》[15]曰："在彼无恶，在此无射。庶几夙夜，以永终誉[16]。"君子未有不如此，而蚤[17]有誉于天下者也。

【注释】

1. 王天下有三重焉：王，作动词用，王天下，即在天下做王的意思，也就是统治天下。三重，指上一章所说的三件重要的事：仪礼、制度、考文。

2. 寡过：减少过失。

3. 上焉者：指在上位的人，即君王。

4. 下焉者：指在下位的人，即臣下。

5. 不尊：没有尊贵的地位。

6. 三王：指夏、商、周三代君王。

7. 建：立。

8. 质：质询，询问。

9. 俟：待。

10. 动：指言语行动。

11. 道：通"导"，先导。

12. 法：法则，效法。

13. 望：景仰。

14. 厌：厌倦。

15.《诗》：指《诗经·周颂·振鹭》篇。这是一首周王设宴招待来朝的诸侯时，在宴席上唱的乐歌。

16. 以永终誉：永，长久。终，众的假借字。誉，名誉、声誉。

17. 蚤：即"早"。

【释义】

称王于天下，能够做好议订礼仪，制订法度，考订文字规范这三件重要的事，也就没有什么大的过失了吧！在上位的人，虽然行为很好，但如果没有验证的话，就不能使人信服，不能使人信服，老百姓就不会听从。在下位的人，虽然行为很好，但由于没有尊贵的地位，也不能使人信服，不能使人信服，老百姓就不会听从。所以君子治理天下应该以自身的德行为根本，并从老百姓那里得到验证。考察夏、商、周三代先王的做法而没有悖谬，立于天地之间而没有悖乱，质询于鬼神而没有疑问，百世以后待到圣人出现也没有什么不理解的地方。质询于鬼神而没有疑问，这是知道天理；百世以后待到圣人出现也没有什么不理解的地方，这是知道人意。

所以君王的举止能世世代代成为天下的先导，行为能世世代代成为天下的法度，语言能世世代代成为天下准则。在远处有威望，在近处也不使人厌恶。

《诗经》中说："诸侯在国没有人憎恶，在朝没有人厌烦，日日夜夜操劳啊，众人称赞每名君主。"君王中没有不这样做而能够早有美名流传于天下的。

【导读】

这一章承接"居上不骄"的意思而发挥。要求当政者身体力行，不仅要有好的德行修养，而且要有行为实践的验证，才能取信于民，使人听从，只有这样，才能做到"远之则有望，近之则不厌"，成为老百姓的公仆。从理论角度说，这一章所强调的依然是重实践的观点。"本诸身，征诸庶民"，以自身的德行为根本，并从老百姓那里得到验证。这是主观与客观的结合，理论与实践的统一，用客观实践来检验自己的主观意图、见解、理论是否符合老百姓的利益与愿望，从而使自己的举止能世世代代成为天下的先导，行为能世世代代成为天下的法度，语言能世世代代成为天下的准则。这里还蕴含着儒者对伟大与崇高的向往和对不朽的渴望，也就是中国古代知识分子崇奉的立德、立功、立言三不朽的追求。本章分三节叙述。

第一节论述统治天下之道。即以人道来体现天道，天人合一，政治以成。

第二节论述君主修中庸之道，动、行、言均为天下人的表率，为天下人所景仰。

第三节引《诗》申述君主行中庸之道，为人民榜样，取令誉于天下。

27.大德敦化

【原文】

仲尼祖述[1]尧舜，宪章[2]文武，上律天时，下袭[3]水土。辟如天地之无不持载，无不覆帱[4]。辟如四时之错行[5]，如日月之代明[6]"。万物并育[7]而不相害[8]，道[9]并行而不相悖，小德川流，大德敦化[10]，此天地之所以为大也。

【注释】

1. 祖述：效法、遵循前人的行为或学说。

2. 宪章：遵从，效法。

3. 袭：与上文的"律"近义，都是符合的意思。

4. 覆帱（dào）：覆盖。

5. 错行：交错运行，流动不息。

6. 代明：交替光明，循环变化。

7. 并育，同时生长。

8. 相害，互相妨害。

9. 道：大道。指孔子之道。

10. 敦化：使万物敦厚纯朴。

【释义】

孔子遵循尧舜的道统，效法文王、武王制订的法典，上遵循天时，下符合地理。就像天地那样没有什么不承载，没有什么不覆盖。又好像四季的交错运行，日月的交替光明。万物一起生长而互不妨害，天地之道并行而互不冲突。小德行如河水一样长流不息，大德行使万物敦厚纯朴。这就是天地的伟大之处啊。

【导读】

本章以孔子为典范，盛赞他的德行，为学者塑造了一个伟大、崇高而不朽的形象，使他流芳百世而成为后代人永远学习与敬仰的楷摸。这就是大成至圣先师的孔圣人。从《中庸》的结构来看，这是从理论到实际，从中庸之道方方面面的阐述落实到一个具体的榜样上来，而这个至大至高的榜样力量是无穷的。

28. 何可与德

【原文】

《诗》[1]曰，"衣锦尚絅[2]。"恶[3]其文[4]之著[5]也。故君子之道，暗然[6]而日章；小人之道，的然[7]而日亡。君子之道，淡[8]而不厌，简[9]而文，温而理，知远之近[10]，知风之自[11]，知微之显[12]，可与入德矣。

《诗》[13]云："潜虽伏矣，亦孔[14]之昭。"故君子内省不疚，无恶[15]于志。君子之所不可及者，其唯人之所不见乎！

《诗》[16]云，"相[17]在尔室，尚不愧于屋漏[18]。"故君子不动[19]而敬，不言而信[20]。

《诗》[21]曰："奏假[22]无言，时靡[23]有争。"是故君子不赏而民劝，不怒而民威于鈇钺[24]。

《诗》[25]曰："不显惟德，百辟[26]其刑之。"是故君子笃恭而天下平。

《诗》[27]曰："予怀明德，不大声以色。"子曰："声色[28]之于以化民，末也。"

《诗》[29]曰："德輶如毛[30]。"毛犹有伦[31]，"上天之载，无声无臭[32]。"至矣！

【注释】

1.《诗》：指《诗经·卫风·硕人》篇和《诗经·郑风·丰》篇。《硕人》是叙述庄姜初嫁庄公时的情景。《丰》叙述男方迎亲而女方父母变志，女不得行而悔恨之诗。

2.衣锦尚絅：衣，此处作动词用，指穿衣。锦，指色彩鲜艳的衣服。尚，加。絅，同"裟"，用麻布制的罩衣。

3.恶：厌恶。

4.文：文采。

5.著：显著。引申为耀眼。

6.暗然：隐藏不露。

7.的然：鲜明，显著。

8.淡：平淡、恬淡。

9.简：简约、简朴。

10.知远之近：要往远处去必须从近处开始。

11.知风之自：教化别人必须从自己做起。

12.知微之显：从微小中推知显著的结果。

13.《诗》：指《诗经·小雅·正月》篇。

14.孔：很、甚。

15.无恶：无愧。

16.《诗》：指《诗经·大雅·抑》篇。这是一首卫武公讽刺厉王，亦以自警之诗。

17.相：看、注视。

18.屋漏：屋的西北角。古代室内西北隅施设小帐，安藏神主，为人所不见的地方。

19. 动：行动。

20. 信：诚信。

21.《诗》：指《诗经·商颂·烈祖》篇。这是一首祭祀商王中宗太戊的乐歌。

22. 奏假：祷告。指进祭而感格于神明。奏，作"进"解。假，同"格"。

23. 靡：没有。

24. 鈇钺：原指古代军法用以杀人的斧子。这里引申为刑杀。

25.《诗》：指《诗经·周颂·烈文》篇。这是一首周成王亲政告祖，诸侯前来助祭，祭毕告诫诸侯之诗。

26. 百辟：指诸侯。辟，君主。

27.《诗》：指《诗经·大雅·皇矣》篇。这是一首叙述周朝祖先开国创业的史诗。

28. 声色：言论和仪容。

29.《诗》：指《诗经·大雅·烝民》篇。这是一首歌颂周宣王大臣仲山甫之诗。

30. 德輶如毛：德行很轻，好比一根毫毛。輶，古代一种轻便车，引申为轻。毛，羽毛。

31. 伦：比。

32. 上天之载，无声无臭：引自《诗经·大雅·文王》篇。臭，气味。

【释义】

《诗经》中说："身穿锦绣衣服，外面罩件套衫。"这是为了避免锦衣花纹太显露。所以，君子的道深藏不露而日益彰明；小人的道显露无遗而日益消亡。君子的道，平淡而有意味，简略而有文采，温和而有条理，由近知远，由风知源，由微知显，这样，就可以称得上是进入道德的境界了。

《诗经》中说："即使鱼潜藏很深，但也会看得很明显的。"所以君子常自我反省就会没有过失和愧疚，没有恶念存于心志之中。君子的德行之所以高于一般人的原因，大概就是在这些不被人看见的地方君子能严格要求自己吧。

《诗经》中说："看你独自在室的时候，是不是能无愧于神明。"所以，君子就是在没做什么事的时候也是怀着敬畏谨慎的心的，就是在没有对人说什么的时候也是诚信专一的。

《诗经》中说："进奉诚心，感通神灵。肃穆无言，没有争讼。"所以，君子不用赏赐，老百姓也会互相劝勉；不用发怒，老百姓也会很畏惧。

《诗经》中说："弘扬那好的德行，诸侯便会来效法。"所以，君子笃实恭敬，以至诚之德感化百姓，就能使天下太平。

《诗经》中说："文王美德我怀念，厉声厉色从不用。"孔子说："用厉声厉色去教育老百姓，是最拙劣的，没有抓住根本啊。"《诗经》中说："美德微妙如羽毛。"羽毛虽然轻微细小，但还是有物可比拟。《诗经》中说："化育万物上天道，无声无味真微妙。"这才是达到了最高的境界啊。

【导读】

本章回应首章戒惧慎独、存养省察下学之功夫。论初学入德者，必自下学务内、至亲至切出发，然后达至至精至微、无声无臭的最高境界。分六节论述。

第一节引《诗》论述初学入德之要。必须重视存养致知功夫：君子求德，必须从自身做起，故自近而谨，自身而谨，自微而谨。

第二节引《诗》反其意用比喻来述君子善于慎独，故内省不疚。与首章戒慎恐惧、莫见莫显呼应。

第三节引《诗》继续论述君子戒慎恐惧，自省自励，无时不然，常存恭敬之心，做到"诚于中必形于外"。

第四节承上文，引《诗》论证君子修德，以自己的言行为榜样，在无言的教化中，使人民潜移默化没有争心，人民自化于君子的德泽之中。借用诗圣杜甫的诗，"好雨知时节，当春乃发生。随风潜入夜，润物细无声"的境界。这种境界即使人在潜移默化中受到感化，这大概就是圣人的境界吧。

第五节承上文，引《诗》论述君主以德行为诸侯的典范，无为而治。

第六节承上文，引《诗》论述化民当以德为本，圣人之德无声无臭而民自化。至高至极，是平天下的真本领，与天地同此。至于那种声色俱厉的做法，那种强制性的改造方法，如孔子所说："末也！"已谈不上什么境界，不过是一种不得已而为之的手段罢了。本节中层层递进来说明中庸之德至高至极。

　　本章是《中庸》全篇的结尾，重在强调德行的实施。从天理到人道，从知到行，从理论到实践，从"君子笃恭"到"天下平"，既回到了与《大学》相呼应的人生进修阶梯之上，又取《中庸》全篇的宗旨而加以概括。各段文字既有诗为证又引申发挥。难怪朱熹要在《中庸章句》的末尾大发感叹："这样反复叮咛以教人的用意是多么深切啊，后世学者难道可以不用心去钻研体会吗？"的确也是如此啊。

三 《学记》

（一）简介

1.《学记》之成书

《学记》是《礼记》第十八篇，主要论述学者如何学、教者如何教的意义和方法，故名。

郑玄《目录》曰："名曰'学记'者，以其记人学教之义，此于《别录》属通论。"[1]

《学记》的作者和成书年代，各家说法不一。

《学记》，宋罗璧曾引梁沈约说"《学记》出毛生"，但据《汉书·艺文志》说：《乐记》出于毛生。顾实的《汉书·艺文志讲疏》说毛生或即毛苌。毛苌只传《诗》不传《礼》。我们探究古籍和历代学者有关考证，《学记》出于思孟学派，也"殆无疑义"。[2]

学术界也有学者认为，《学记》或谓属于孟学，或谓属于荀学，都能举出一些内证。实则孟子学派与荀子学派在教育思想上固然有分歧，但并不存在不可逾越的鸿沟。战国后期儒家思想趋向融合，《学记》当是孟荀两派教育思想融合的产物，成于战国后期儒家之手。

还有人说《学记》作者是西汉的董仲舒。董仲舒的哲学思想"效《洪范》之咎征"，讲五行，提出"伍比偶类"的比附逻辑，同思孟学派确有师承关系。

---

[1]《十三经注疏》整理委员会整理，李学勤主编.十三经注疏·礼记正文（上、中、下）[M].北京：北京大学出版社，1999：1050.

[2]高时良.《学记》评注[M].北京：人民教育出版社，1982：113.

董仲舒在教育思想方面，提出过"变民风，化民俗"、"常玉不琢，不成文章，君子不学，不成其德"，"其言寡而足，约而喻，简而达，省而具，少而不可益，多而不可损"等等，同《学记》精神也确有一致之处。但除此以外，却很难找出他是《学记》作者的迹象。[1] 有人说董仲舒作《学记》是朱熹定的调子，查考朱熹著作是这样说的："许顺之说人谓《礼记》是汉儒说，恐不然。汉儒最纯者莫如董仲舒，仲舒之文最纯者莫如《三策》，何尝有《礼记》中说话来。"朱熹并举《乐记》为例，说："如《乐记》所谓'天高地下，万物散殊，而礼制行矣。流而不息，合同而化，而乐兴焉'。仲舒如何说得这里？想必是古来流传得此个文字如此。"[2] 由此可见，《学记》不会是董仲舒所著。

根据多方论证，《学记》当属于战国后期的作品，作者为乐正克（郭沫若、顾树森、高时良等都同意此种看法）。我们今天看到的《学记》，在经过战争和秦火、楚火毁损后，已然经过了后人的润色、窜易，附以己见，所以今天看来体系才会如此严整。《学记》是我国古代教育论著中的一份珍贵的历史遗产，是我们研究中国古代教育的宝贵文献。

2.《学记》之篇章结构

《学记》全文1229字，分为20小节，每节基本上论述一个问题。《学记》对教育的作用、目的、任务、教育的制度、学校的管理、教育与教学的原则和方法、教师的地位和作用、师生的关系等问题都有阐述，内容比较全面、深刻，尤其是谈及教学原则和教学方法的内容一般被认为是此书的精华所在，是极为可贵的。《学记》是中国古代教育史上最早的有系统的教育理论著作，"堪称我国古代的教育学"[3]。

3.《学记》之版本流传

第一个系统地注释《学记》的，当是东汉的郑玄。此后，南北朝、唐、

[1]高时良.《学记》评注[M].北京：人民教育出版社，1982：122.
[2]高时良.《学记》评注[M].北京：人民教育出版社，1982：123.
[3]刘震《学记》释义[M].济南：山东教育出版社，1984：2.

宋、元、明、清以至民国初年都有不少学者注释《学记》,如南北朝到隋唐的学者皇侃、熊安生、陆德明,两宋的刘敞、陆佃、马晞孟、方悫、戴溪、吕祖谦、张载、朱熹等,有清一代的惠栋、卢文弨、段玉裁、孙希旦、王引之、俞樾等,他们对于《学记》的研究都做出了贡献,但由于受各自政治态度、世界观和方法论的影响,因此也都各执一说,参差复杂。尤其重要的是清末民初出现的研究《学记》的专著,如刘光蕡撰《学记臆解》、王树楠撰《学记笺证》、宋育人撰《学记补注》、姚明辉撰《学记集义训俗》等,还有 1943 年出版的杜明通的《学记考释》、新中国成立后顾树森的《学记今译》、傅任敢的《学记译述》、刘震编著的《学记释义》、高时良的《学记评注》等等。

高时良老先生在其《学记研究》中有言:它(历代关于《学记》的注释)不仅给我们提供了研究《学记》的丰富资料,也提供了我国教育思想发展的历史线索[1]:

(1)《学记》注释者大量印证了孔、孟的教育学说,印证了《中庸》和《大学》的哲学和政治观点,使我们可以按图索骥,探究《学记》问世的历史根源,鉴定《学记》的思想流派。

(2)注释者征引了儒家经典,如《书》、《诗》、《易》、《周礼》、《礼记》中有关我国古代教育制度和教育思想的记录,给我们提供了我国古代教育和早期儒家教育思想的研究素材。

(3)从历代各家注释,我们看到《学记》在我国教育学史上的地位和影响,看到儒家教育思想的历史地位和影响。

(4)注释者还从辨伪、校勘、训诂等方面,给我们提供了研究《学记》的某些概念、命题的含义,更正字误、句误的材料。

(二)《学记》的教育思想

《学记》是毫无疑义的"为学"立论之篇!依前之言,似乎只要事关教育、教学都应将其置于首位,眼下的顺序也并非仅仅是囿于古制,"古意新解"之处在于"为学"对于个体而言是"为人"、"为政"的自然前提,但对于社

[1]高时良.《学记》研究[M].北京:人民教育出版社,2005:210.

会群体而言，尤其是儒学的宗旨而言，"为学"却是"为政"、"为人"的逻辑结果，就是说《学记》的"为学"之道自有其逻辑规律，但"为学"的根本或者说目的却是由《大学》《中庸》中觅得的，换言之，没有前两篇的积淀，《学记》就只有"学"而没有"人"，而"人"才是关键！

1. 教育观

（1）论教育的作用

《学记》对教育的作用做了充分的肯定，认为治理国家和统治人民，应以兴办教育为首要任务。"是故古之王者，建国君民，教学为先。"[1] 它引述了《尚书·兑命》中商代大臣的话："念终始典于学"[2]。由此证明重视教育的作用是历史的经验。《学记》认定教育的作用包含相互联系的两个方面：一是培养国家所需要的人才，而人才如同璞玉一样，不经过一番琢磨，就难以成为贵重的玉器；二是"化民成俗"，形成社会的道德风尚，即按照统治阶级的意图和道德规范形成社会的风俗和习惯。这可以称得上是战国时期儒家关于教育作用思想的总结。

《学记》第一、第二小节从教育的必要性与可能性两个方面论证了教育的重要作用。从必要性方面说，教育的作用就在于培养国家所需要的人才，把人民同"化"成统治阶级所要求的"俗"，形成社会道德风尚，为的是有利于"王者"的"建国君民"的事业。从可能性方面说，它从性善论观点出发，以"玉不琢，不成器"[3] 为比喻，认为人性是善的，教育的作用就在于保存、发展、扩充人的善的本质，使之成为"贵重的玉器"，合乎统治阶级的要求。《学记》从必要性与可能性两个方面论证了教育的作用之后，在《学记》的最后一节，又再三叮咛，要人们紧紧抓住"建国君民"、"化民成俗"这个根本，"此之谓务本"[4]，首尾呼应，前后一贯，这是发人深省的。

（2）论教师

由于《学记》对教育作用的高度评价，因此它要求给教师以崇高的社

[1]刘震.《学记》释义[M].济南:山东教育出版社,1984: 1.
[2]刘震.《学记》释义[M].济南:山东教育出版社,1984: 1.
[3]刘震.《学记》释义[M].济南:山东教育出版社,1984: 1.
[4]刘震.《学记》释义[M].济南:山东教育出版社,1984: 4.

会政治地位。《学记》说："三王四代唯其师"[1]，意即历代统治者都很重视教师的作用。因为教师是教人学习为政的，必须懂得治国安民的道理，这就是说，教师的任务就是教人"为长"、"为君"之道，亦即培养具有治国平天下之道的统治者。同时，这里又把"为师"作为"为长"、"为君"的条件。能为师也就能为长、能为君。《学记》认为教育工作乃是"为长"、"为君"的重要职责之一，所以说"择师不可不慎也"[2]。

《学记》明确提出了"师严道尊"的思想，其目的在于把教师当作整个封建思想体系的代言人，拥有最高的解释权。《学记》通过尊师来尊重封建主义的"道"，因为教师是"道"的传播者。《学记》认为在上位的人，尤应尊师，因为在上位的人尊师，就可以引导人民重"道"，于是才能在全国造成重视教育的风尚。所以《学记》认为连拥有最高权力的国君，对于教师也不以臣礼相待，这是以身作则之意。国君做出了榜样，就会产生巨大的影响，促成全社会的尊师重道之风气。《学记》一方面要求统治者对教师应予以极其崇高的地位和尊敬；另一方面，对教师也提出了特别严格的要求。

《学记》要求教师"教学相长"，不断地求得自身业务的进步和教学质量的提高。要求教师受严格的训练，遵循教育与教学的原则和方法，纯熟教学技巧，"既知教之所由兴，又知教之所由废，然后可以为人师也"[3]。"知至学之难易而知其美恶，然后能博喻。能博喻然后能为师[4]。"要求教师深刻了解学生的个性心理特征与差异，"学者有四失，教者必知之"[5]。"此四者，心之莫同也，知其心，然后能救其失也"。要求教师具有丰富的知识和充分的修养，"记问之学，不足以为人师"[6]。要求教师具有一定的社会理想和高尚的道德情操，能引导学生自觉地跟着自己所指引的方向前进，"善歌者使人继其声，善教者使人继其志"[7]。这都反映了《学记》对教师有较高的要求，教师不仅要促进学生的知识、智慧与能力的增进，更重要的

[1]刘震.《学记》释义[M].济南：山东教育出版社，1984：3.
[2]刘震.《学记》释义[M].济南：山东教育出版社，1984：3.
[3]刘震.《学记》释义[M].济南：山东教育出版社，1984：3.
[4]刘震.《学记》释义[M].济南：山东教育出版社，1984：3.
[5]刘震.《学记》释义[M].济南：山东教育出版社，1984：3.
[6]刘震.《学记》释义[M].济南：山东教育出版社，1984：4.
[7]刘震.《学记》释义[M].济南：山东教育出版社，1984：3.

是要用社会理想与道德情操去深深地影响学生、吸引学生。

（3）论学制系统

《学记》在肯定教育作用的前提下,提出了关于建立学制系统的设想:"古之教者,家有塾,党有庠,术有序,国有学"[1]。它以托古的方式拟出了一个从中央到地方、按行政系统建立的学制系统,这在客观上适应了建立统一的封建国家的历史发展趋势。这个建议和设想在中国古代教育发展史上具有重要的意义,因为从汉代开始,基本上是按照这个建议和设想兴办学校教育的。

《学记》以国都设立的大学为模式,拟订了一个九年制的大学教育计划,包括考试制度。规定每隔一年进行一次考试:第一年考查学生明晰经义的能力和学习的志趣;第三年考查学生是否专心学习和与周围的人是否和睦相处;第五年考查学生学识是否广博和同老师是否亲密无间;第七年考查学生研究学问的本领和识别朋友的能力;七年考试合格的就叫"小成";到第九年考查学生在学业上能否触类旁通,在志趣上能否坚定不移,考试合格者谓之"大成"。这个教育计划和考试制度,提出了大学学习的年限,提出了大学学习分"小成"(七年)与"大成"(二年)两个阶段,明确了隔年规定学习的要求和顺序,并主张逐步加深和提高,强调德育和智育两个方面的教育,并重视学习能力的考查,注意集体的教育影响,主张把建立亲密的师生关系和同学关系放在十分重要的地位。所有这些标志着大学教育将从随意的松散的状态转而为更有计划、更有目的地进行了,体现了教育规律已被逐步掌握。当然这也是一种设想,因为当时还不可能有学年教学制度、班级授课制度,以及由低到高、循序渐进的教学计划。不过,这种设想是很可贵的,它作为一种教学指导思想,对教学理论与教学实践的发展具有深远的影响。

2. 教育内容观

《学记》明确提出要培养具有高尚道德修养的人,即"君子"、"圣人",

[1]刘震.《学记》释义[M].济南:山东教育出版社,1984:1.

认为这是教育的终极目标，是根本。这在大学教育及其考察内容中非常清楚。在九年的学习中，要求学生在"离经辨志"、"敬业乐群"、"博习亲师"、"论学取友"、"知类通达"，"强立而不反"[1] 方面，循序渐进，不断取得成就。很明显，《学记》重视德智并进，道德教育被置于学校教育内容的首位，这是不言而喻的事。

除要进行品德与知识的教育外，《学记》还以"学为裘"、"学为箕"[2] 为例，在实践上提出了学习有关生产劳动知识与技能的想法，认为学习和生产过程有着共同的规律。这一思想弥足珍贵。

3. 教育方法——论教育、教学的原则和方法

《学记》在具体分析教育、教学中成功与失败的经验的基础上，总结出一套教育、教学的原则和方法：

（1）教学相长

《学记》认为通过学习才知道自己知识的不足，通过教人才知道教学的困难。知道不足，才能勉励自己不断求得进益；知道困难，才能督促自己认真学习钻研。教人与自学相互促进。它还引用《兑命》言："学学半"[3]，意即教与学是一件事情的两个方面，是相辅相成的。这就深刻地阐述了"教"与"学"之间的矛盾，并要求"教"与"学"辩证的统一，明确地指出了"教"与"学"之间相互依存、相互促进的关系，认为"教"与"学"是不断深入、不断发展的同一过程和两个方面。"教"因"学"而得益，"学"因"教"而日进，"教"能助长"学"，反过来"学"也能助长"教"。这就叫作教学相长。教学相长不止意味着"教"与"学"两方面的关系，还意味着教师与学生之间的平等的相互促进的关系。后人对此有所继承与发展，如唐代的韩愈认为："弟子不必不如师，师不必贤于弟子。闻道有先后，术业有专攻，如是而已。"提倡这种原则的，即在现代世界教学论著中亦属罕见。教学相长原则的阐发，对于认识教学过程的本质、提高教学质量、改善师生关系、

[1]刘震.《学记》释义[M].济南：山东教育出版社，1984：1.

[2]刘震.《学记》释义[M].济南：山东教育出版社，1984：4.

[3]刘震.《学记》释义[M].济南：山东教育出版社，1984：1.

促进教育理论的研究都有着重要的理论与实践意义。

（2）藏息相辅

《学记》提出要把"正业"与"居学"、"藏修"与"息游"[1]结合起来。"正业"、"藏修"是指教师在校按时讲授的正课。"居学"、"息游"是指学生课外的活动与自修自习。《学记》很重视课外的自修自习对于巩固正课学习和加深对正课的理解的重要作用。《学记》认为，课外不练习调弦、歌咏、洒扫应对进退，就学不好"乐"、"诗"、"礼"。课外自修练习要在正课学习的指导下进行，但要达到形成熟练技巧，养成行为习惯，主要靠课外自修练习。因此课外自修自习应看作是与正课相配合的教学过程的必要组成部分，它们之间是相互依存、相互促进的。课外自习是在休息时间内进行的，是属于娱乐活动之中的。因此对于一个学生来说，既有课堂上的正课学习，又有课外的自由练习，他就会对学习产生浓厚的兴趣，使学习成为内在的需要，即使离开师友的督促，也不会改变已经巩固地形成了的习惯和志趣。

总之，《学记》阐述了正课教学与课外自习之间辩证的统一，已学知识与未学知识辩证的统一，接受知识与消化知识之间辩证的统一，学习与休息娱乐之间辩证的统一，"亲师"与"乐友"之间辩证的统一。

（3）豫时逊摩

"豫"，即预防。《学记》说："禁于未发之谓豫"[2]。要求教师事先估计到学生可能会产生的种种不良倾向,而预先加以防止,避免事后去纠正。《学记》认为这样进行教育才容易收到效果。这就叫作预防不良倾向产生的教育原则。"发然后禁，则扞格而不胜。"[3]如果不良的思想和行为已经产生，再来阻止和纠正，就会引起学生的逆反心理而难于纠正。当不良的行为习惯和倾向已经产生，并已积习较深的时候，再去纠正它，那必事倍而功半，或积重而难返。"豫"还包括防微杜渐的意思，这就要求教师的敏感、机智，于事物出现不良迹象之前，即加以限制，不使之扩大与发展，消灭错误于未发生之前，防患于未然。

"时"，即及时。《学记》说："当其可之谓时"[4]。要求教师掌握学生学

[1]刘震.《学记》释义[M].济南：山东教育出版社，1984：2.
[2]刘震.《学记》释义[M].济南：山东教育出版社，1984：2.
[3]刘震.《学记》释义[M].济南：山东教育出版社，1984：2.
[4]刘震.《学记》释义[M].济南：山东教育出版社，1984：2.

习的最佳时机，及时进行教育，以便取得最佳的教育效果。《学记》认为抓住适当时机因势利导，这就叫作及时性的教育原则。时过难后学，则勤苦而难成。这已涉及到学生的年龄特征问题，教学内容和顺序及其要求，应该按照学生心理发展的需要和水平进行。如果施之过早，则不适合学生的接受能力和需要；如果施之过迟，则学生的要求可能已经消失，也不大容易让他们接受。如果不注意客观规律，时机未到或时机已过便进行某种教育，都难以收到最佳的效果。

"孙"，即顺序。《学记》说："不凌节而施之谓孙"。[1] "凌"即超越次序。《学记》要求教师要遵循一定的顺序进行教学。"时"指的是学习时机。"孙"则意味着教学过程中应注意教学内容的逻辑顺序。《学记》要求把"时"与"孙"两方面结合起来。《学记》还强调"学不躐等"[2]，也是这个意思。

"摩"，即观摩。《学记》说："相观而善之谓摩"[3]。它要求在教学过程中，充分发挥群体的教育作用，相互观摩，取长补短，共同进步。它认为离开了群体的影响，要达到好的教育效果是很困难的。"独学而无友，则孤陋而寡闻"[4]。进一步说明了相互观摩的重要性。《学记》在强调"相观而善"的同时，还要求防止同不良的朋友交游，接受坏的影响。"燕朋逆其师，燕辟废其学"[5]。这是对孔子的"益者三友，损者三友"思想的发展。

（4）启发诱导

"喻"，即启发。《学记》主张采用启发的方法，激发学生的学习兴趣，以调动学生学习的主动性，强调引导和鼓励，反对强制和灌输。

《学记》认为启发有三个要点：

一是"道而弗牵"[6]。"道"即导，有引导、教导之意。《学记》要求教师在教学过程中要带领、引导学生领会理解教学内容，给学生指引一条正确的思维线索，引导学生思维活动，促进学生进行分析综合，找寻探索知识结论的方向。这样容易使教师的主导作用和学生的积极主动性结合起来，

[1]刘震.《学记》释义[M].济南：山东教育出版社，1984：2.
[2]刘震.《学记》释义[M].济南：山东教育出版社，1984：2.
[3]刘震.《学记》释义[M].济南：山东教育出版社，1984：2.
[4]刘震.《学记》释义[M].济南：山东教育出版社，1984：3.
[5]刘震.《学记》释义[M].济南：山东教育出版社，1984：3.
[6]刘震.《学记》释义[M].济南：山东教育出版社，1984：3.

形成"和"，即和谐、融洽的师生关系。

二是"强而弗抑"[1]。"强"即鼓励、督促之意。《学记》要求教师在教学过程中不断地给学生以勉励与督促，激发学生学习的自动性，从而产生探求知识的强烈愿望，自觉地把探索知识结论的思维活动坚持到底。这样容易培养学生的意志和信心，使学生感到"易"，即安易与轻快，使学生具有战胜困难的勇气和毅力。

三是"开而弗达"[2]。"开"即开端，有提出问题之意。"达"即通达，有分析与解决问题之意。《学记》要求教师在教学过程中善于提出问题，引导学生自己去开动思维，力求自己去解决问题，促进学生思维能力不断发展。这样容易培养学生的独立思考能力，形成"思"，即使智慧和思维能力得到真正的发展。

教师善"喻"是提高教学质量的关键之所在，也是古今中外教育名著探讨的重要课题之一，《学记》明确地反对注入式，倡导启发自动性，强调"导——强——开"，反对"牵——抑——达"，这是十分深刻的。

（5）长善救失

《学记》重视学生的个性心理特征，认为这些特征的存在和表现是有差异的，只有了解学生的个性心理特征及其差异，才能适当加以引导，并发扬其积极因素，克服其消极因素。《学记》把教学过程当作引导学生发扬积极因素以克服消极因素的过程。其中把学生学习的个性心理特征及其差异分为四类：

一是"或失则多"[3]——贪多务得。这类学生的缺点是在学习上急于求成，过于庞杂，贪多求速，食而不化。但"多者便于博"，其优点是学习积极性高，求知欲强，知识面较广。教师应"知其心"，然后引导这类学生发扬其知识面较广博的积极因素，并以此克服其贪多求速、过于庞杂的缺点，逐渐养成深入探求的兴趣和习惯，从而向博且专的方向发展。

二是"或失则寡"[4]——单薄守约。这类学生的缺点是在学习上单打一，知识面过于狭窄。但"寡者易以专"，其优点是学习上肯动脑筋，思考

[1]刘震.《学记》释义[M].济南：山东教育出版社，1984：3.
[2]刘震.《学记》释义[M].济南：山东教育出版社，1984：3.
[3]刘震.《学记》释义[M].济南：山东教育出版社，1984：3.
[4]刘震.《学记》释义[M].济南：山东教育出版社，1984：3.

的问题相对说来要集中一点。教师应"知其心",然后引导这类学生发扬其追求专深知识的积极因素,并以此克服其知识面狭窄、好钻牛角尖的缺点,逐渐发展其对多方面知识的兴趣,从而向专且博的方向发展。

三是"或失则易"[1]——浅尝辄止。这类学生的缺点是对学习的艰巨性认识不足,不愿往深处探究。但"易者勇于行",其优点是敢于进取,对学习有信心、有勇气、有兴趣。教师应"知其心",然后引导这类学生发扬其勇于进取的积极因素,并以此克服其浅尝辄止的缺点,逐渐培养由浅入深、克服困难的态度和习惯,从而向学习的深度与广度进军。

四是"或失则止"[2]——畏难止步。这类学生的缺点是对学习有畏难情绪,缺乏攻关的勇气,失去前进的信心。但"止者安其序"。其优点是稳谨平实,安于所得,不好高骛远。教师应"知其心",然后引导这类学生发扬其安稳谨慎的积极因素,并以此克服其畏难却步、怕出错误的缺点,逐渐培养学习志趣与创新的勇气,从而向学习的广度与深度进军。

《学记》中"长善救失"原则的深刻性就在于阐述了发扬积极因素以克服消极因素的教育辩证法,而且这个原则既包含有重视正面教育的意思,又包含有因材施教的思想。

为了贯彻以上原则,《学记》还系统地提出了问答、讲解、练习、类比等教育、教学方法,还从反面批判了一些错误做法:不考虑学生的志趣和接受能力,只知用机械的诵读和注入式的讲解向学生灌输知识;要求学生呆读死记,教师只顾赶进度,而不管实际效果等等。

总之,《学记》突出的优点在于对先秦时期的儒家教育思想和教育实践做了相当全面的总结和概括。它简明扼要地阐明了教育的作用、拟定了一个从中央到地方的学制系统,并以大学为模式,提出了一个九年制的教学计划与考试制度的设想。还论述了教师的地位、作用及对教师的严格要求。它着重揭示了教与学的辩证关系,提出了一系列教育与教学的原则、方法,这是《学记》的精华之所在。

《学记》的不足之处是偏重于教学论方面的内容,对于教育基本理论及德育、体育等方面论述甚少。教育目的只是为了适应封建统治阶级需要

[1]刘震.《学记》释义[M].济南:山东教育出版社,1984:3.
[2]刘震.《学记》释义[M].济南:山东教育出版社,1984:3.

的成分，而且也有夸大教育作用的倾向，没有充分论述教育发生作用所依附于一定条件的诸方面。尽管如此，我们仍肯定《学记》的价值。

《学记》不仅是中国教育史上的一份极为珍贵的遗产，也是世界教育史上最早出现的自成体系的教育学专著，是人类的共同财富，如：日本谷口武在《学记论考》序言中说："《学记》是中国最早的一部教育经典著作，在我国古代学术界也是备受推崇的名著。……随处都能看出有关《学记》的章句及生动而蓬勃的精神。像这样一本名书，对日本教育史所发生的影响，是极为罕见的。"[1] 美国明尼阿波利斯市明尼苏达大学副教授和东亚图书馆主任威廉·S·王在 1976 年夏季出版的《教育史季刊》（第 16 卷第 2 号）上刊登了他用英文翻译的《学记》全文，他在序言中说："我翻译《学记》，是试图向读者介绍中国历史上有关需要教育的理由，有关为促进教育而建立专门制度方面的最早文献。虽然自从孔子以来，中国发生了许多变化，但教育是组织社会和进行统治所必不可少的这种精神仍然存在。"[2] 由上可见，《学记》在人类的教育思想发展史上具有永恒的价值，显示出永久的魅力。

（三）《学记》原文、注释、释义及导读

1. 化民由学

【原文】

发¹ 虑宪²，求善良，足以謏³ 闻，不足以动众；就贤⁴ 体⁵ 远，足以动众，未足以化民，君子⁶ 如欲化⁷ 民成俗，其必由学⁸ 乎⁹！

【注释】

1. 发：发布。

2. 虑宪："虑"是执政者个人的施政意图，"宪"是国家成法，二者是相互作用。归根结底都是统治阶级的意志表现。

[1]高时良.《学记》研究[M].人民教育出版社，2005：250.

[2]郭齐家.儒学与当今素质教育（下）[J].河南大学学报（教育科学版），2002（3）.

3. 謏：读音为"小"。

4. 就贤：指礼贤下士。

5. 体：亲近，带有怀柔的意思。

6. 君子：在此指统治阶层中人，主要包括天子、诸侯、卿大夫、士。

7. 化：教化。

8. 学：学习，泛指教育、学校、教学等工作。

9. 乎：这里作感叹词用，相当"啊"。

【释义】

执政者发布政令，依靠宗亲贵族中善良的人辅佐治理国家，可以得到些小小的声誉，还不能使较多的人拥戴自己；如果他们礼贤下士，怀柔远方的人，可以有较多的人拥戴了，但还不能起到教化百姓的作用。执政者想要教化百姓，并形成良风美俗，看来只有通过教育这条渠道啊！

【导读】

这一章是《学记》的总纲，自近及远，由小见大，终论及学——开宗明义，言明了教育的终极价值。其来也渐，其入也深，论及教育的功用，直言绝非謏闻、动众之可比，直可化民成俗，并可成就君子之业。而"化民成俗"这个任务和作用，都要借重于教育，所谓"其必由学乎"，是其他一般工作难以办到和不能代替的。这和末篇的"务本"所提出的教育要求是一致的，是前后贯通的。

2. 教学为先

【原文】

玉不琢，不成器；人不学，不知道[1]。是故古之王者，建国君[2]民，教学[3]为先。《兑命》[4]曰："念终始典于学[5]"，其此之谓乎！

【注释】

1. 道：主要指封建社会的政治和道德规范。

2. 君：作动词解，统治的意思。

3. 教学：教育。

4.《兑命》：《尚书》中篇名。"兑"读作"悦"。

5. 典于学："典"义从"主"从"常"都通。"学"指教育工作。

【释义】

玉石不经雕琢，就成不了贵重的玉器；人不经过教育，就不懂得政治和伦常的大道理。所以古代的君王要建立国家，统治人民，首先要从教育入手。《尚书·兑命》篇说："统治者要始终如一地重视教育"，就是谈的这个道理啊！

【导读】

这一章引类譬喻，从教育目的和教育任务方面出发，深入浅出，明言教育根本之理。"教学"之于人犹如"琢磨"之于玉，人之"求于学"如同器之"成于琢"，说明了教育工作的必要性；将教学之用放大至"建国君民"，则"念终始典"为本！说明了教育工作的重要性和目的性。可见，在时逢中国传统社会的上升时期，统治阶级对于使用教育工具来进行统治是充满信心的。同时，我们看到它所强调的"人不学，不知道"，具有唯物主义的因素，承认后天教育的作用。

3. 教学相长

【原文】

虽有嘉肴[1]，弗食，不知其旨[2]也；虽有至道[3]，弗学，不知其善也。是故学然后知不足，教然后知困。知不足，然后能自反[4]也；知困，然后能自强[5]也。故曰：教学相长也。《兑命》曰："学学半"[6]，其此之谓乎！

【注释】

1.嘉肴：嘉，美好。肴，熟食。嘉肴，意思是好菜。

2.旨：美味。

3.至道：封建社会最高的政治道德规范和思想境界。

4.自反：反躬自省，严格要求自己。

5.自强：鞭策自己，不断努力钻研。

6.学学半："学学"，第一个"学"字是教的意思；第二个"学"字是学习的意思。"学学半"的意思是：教和学各占一半。教的当中有学，学的当中有教。在教学过程中，教与学是一件事物的两个方面。

【释义】

虽然有了美味的菜肴，不亲自品尝就无从知道它的美味；虽然有高深完善的道理，不学习钻研也不能领会到它的奥秘。所以说，只有通过学习实践，才能知道自己的知识水平不够，只有通过教学实践，才会感到疑难困惑。知道自己学业的不足，才能反躬自省严格要求自己；感到疑难困惑然后才能不倦地钻研。所以说，教与学是相辅相成，互相促进的。《兑命》篇说："教与学一方面有区别，另一方面又有联系"，就是说的这个道理啊！

【导读】

这一章引类譬喻，直言学习之法：贵在实践，亲力亲为，佐之以思，看出不足，以利完善！在学习中有没有"不足"与"困"，关键在于是否能"知"——无能者无不足，无知者无困！足见"知"最为难得，无"自知"，则"自反"与"自强"皆无所依。只有师生都能踏实从教和潜心求学，才能"行"中得"知"，知而"知不足"、知而"知困"，必知于此，然后能有所为，能有所进，能肇生"日知其所无"之内在动力，故曰"自反"而非"他反"、"自强"而非"他强"。

毛泽东在《实践论》中说："你要有知识，你就得参加变革现实的实践，你要知道梨子的滋味，你就得变革梨子，亲口吃一吃。……一切真知都是从直接经验发源的。"即是实践出真知的道理。

此章中"教学相长"这一命题的提出，对教与学的对立统一的认识，形成对教学全过程的规律的揭示以及将其作为教师必备条件的认识，这都是《学记》对教育学史的重大贡献。

4.设学有制

【原文】

古之教者，家有塾¹，党有庠²，术有序³，国有学⁴。

【注释】

1.家有塾：二十五家为闾，设立的学校名字叫"塾"。

2.党有庠：庠读音为"详"。五百家为党，设立的学校名字叫"庠"。

3.术有序：术读音为"遂"。一万二千五百家为遂，设立的学校名字叫"序"。

4.国有学：在天子和诸侯的首都，设立大学。它是国家的最高学府，又叫"辟雍"、"泮宫"等名称。

【释义】

古时候的学校制度是，每二十五家组成的"闾"设有学校叫"塾"，每五百家组成的"党"设有学校叫"庠"，每一万二千五百家组成的"术"设有学校叫"序"，在天子或诸侯的国都设立有大学。

【导读】

这一章不是写史，看起来似在讲西周学制，又不完全是西周学制，想通过对三代尤其西周学制的美化，在政治上搞托古改制，建立一个专制主义的中央集权的封建制度，来解除生产力所受的桎梏，符合和顺应历史发展趋势的要求。在教育方面，《学记》中的这个设计成为为中央集权服务的统一的教育体制，是有进步意义的。

这里直言学校设置之法：自小而大，无处无教。因地制宜，因情而置，学有式样之别，却无根本之异，虽说有理想之嫌，但却道尽为学之重。

总之，我国古代的统治者对于教育权利的把握、学校设施、教学内容的设置十分重视，但限于时代的局限，是不可能与今天的学校相比拟的。

5.为学之道

【原文】

比年[1]入学[2]，中年考校[3]：一年视[4]离经辨志[5]；三年视敬业乐群；五年视博习亲师；七年视论学取友，谓之小成。九年知类通达[6]，强立而不反，谓之大成。夫然后足以化民易俗，近者说[7]服而远者怀[8]之。此大学之道也。《记》[9]曰："蛾子时术之"。其此之谓乎！

【注释】

1.比年：比有三种解释，一是"比年，每岁也"；二是"比，频也"；二者是一个意思，三是"比，及也"，"及"是到时候，即到了入学年龄。

2.入学：指国学中的大学。

3.中年考校：指大学的考校，在第一、三、五、七各年终了进行一次不同内容的考查。合格的叫小成。

4.视：考查、考试。

5.离经辨志：即析句分段。

6.知类通达：闻一知十，举一反三。

7.说：读音为"悦"。愉快的意思。

8.怀：归顺。

9.《记》：古书。

10.蛾子时术之：蛾，同蚁。术，效法。意为小蚂蚁总是跟随大蚂蚁引导的路径走。

【释义】

学生到了规定的年龄入大学，国家每隔一年对学生考查一次。第一年考查学生析句分段的能力和学习的志向；第三年考查学生是否专心学习和与周围的人是否和睦相处；第五年考查学生学识是否广博，同老师是否亲近；第七年考查学生讨论学业的本领和识别朋友的能力。这一阶段学习合格的叫作"小成"。第九年学生能举一反三，推论事理，并有坚强的信念，不违背老师的教诲，达到这一阶段的学习标准叫作"大成"。只有这样，才能教化百姓，移风易俗，周围的人能心悦诚服，远方的人也会来归顺。这就是大学教人的宗旨。古书上说："小蚂蚁总是跟随大蚂蚁引导的路径走，"不倦地学习，可以由"小成"到"大成"，就是说的这个道理啊！

【导读】

这一章是讲大学的考校制度。反映了我国早期学校教学体制已相当完备，教学规划已相当周密，教育内容也相当丰富。

考校制度上，大学修业九年分两个阶段，前七年叫"小成"，后两年叫"大成"。每次考查都有具体标准。这些规定是近代教学计划的雏形。

教学内容上，属于德育方面的有"辨志"、"乐群"、"亲师"、"取友"、"强立而不反"；属于智育方面的有"离经"、"敬业"、"博习"、"论学"、"知类通达"。而"博习亲师"、"论学取友"是德育的过程，也是智育的过程，反映了德、智二育很难截然分开。从"离经辨志"到"强立而不反"的全过程，揭示了一条基本规律，即：德育和智育总是密切联系着的，强调要在德育的前提下，实现德智的结合，在知识教育中是有"序"的：自幼及长、由低到高，无时不教之。

6. 教之大伦

【原文】

大学始教[1]，皮弁祭菜[2]，示敬道也。《宵雅》[3]肄三，官其始也。入学鼓箧⁴，孙⁵其业也。夏楚⁶二物，收其威也。未卜禘⁷不视学，游其志也。时观而弗语，存其心也。幼者听而弗问，学不躐⁸等也。此七者，教之大伦⁹也。《记》曰："凡学，官先事，士先志"，其此之谓乎!

【注释】

1.始教：学生入学之始。

2.皮弁祭菜：皮弁是一种用白鹿皮制成的尊贵的帽子。因原文无主语，注解便有分歧。一说是天子敬学之礼。二说是主管教育官员代表天子敬学之礼。三说是士敬学之礼。三说可以兼采并用，只是不同等级，鹿皮帽子有不同的装饰。是对人们的一种"礼治"教育。

3.《宵雅》：宵同小。《诗·小雅》的《鹿鸣》、《四牡》、《皇皇者华》三篇。

4.鼓箧：箧是竹箱。鼓箧用以喻大学学子入学的一种盛况。

5.孙：读音为"逊"恭顺的意思。

6.夏楚：夏同"槚"。夏楚二木，制成戒尺，作体罚学生之用。

7.卜禘：夏祭叫禘，禘前要卜问，故称卜禘。

8.躐：超越。

9.大伦：大道理或基本道理。

【释义】

大学开学的时候，天子或官吏穿着礼服，备有祭菜来祭祀先哲，表示尊师重道，学生要吟诵《诗经·小雅》中《鹿鸣》、《四牡》、《皇皇者华》三篇，为的是首先学习如何当官从政。要学生按鼓声开箱取出学习用品，使他们严肃地对待学业；同时展示戒尺，以维持整齐严肃的秩序；在夏祭以前不考查学习成绩，以让学生有充裕的时间按自己的志愿去学习。学习过程中，教师应先观察而不要事先告诉他们什么，以便让他们用心思考；年长的学生请教教师，年少的学生要注意听，而不要插问，因为学习应循序渐进，不能越级。这七点，是施教顺序的要旨。古书上说："凡是教育学生，对那些带着官爵入学的，要教导他们如何处理政务；而对那些没有带官爵入学的，要引导他们确定学习的志趣"，就是这个道理啊！

【导读】

这一章所讲的大学之礼，亦即借助于教育，从思想上把统治阶层成员集结在统一的中央政权的周围，以巩固新兴地主阶级的统治。此章为教学总纲，包括下述两个方面：

一为"入学、从学"之要：必于敬始，无所敬，则无所立；必先立志，其志不立，其功难成；规矩从之，不以规矩，难成方圆；当怀敬畏，居心轻慢，终废其功。这里实际是明确了学习的目的和所应有的态度，同时也提出了"游志"、"存心"的原则，这与后文的"故君子之于学，藏焉修焉、息焉游焉"、"和易以思"道理是相通的。最后，还要循序渐进，逐步提高。

二为"教学、督学"之要：不乱其学习之伦，不隳其督察之功，应节而动，时也；观而弗语，然学情于心，默谋于念，察而不躁，不妄下断语，不轻举失节，而存学生之心灵，保其自主思索，要也！这里实际是谈到了遵循教育和教学规律的问题，即应"宁下毋高，宁拙毋巧，宁近毋远"。

7. 正业居学

【原文】

大学之教也，时教¹必有正业²，退息³必有居学⁴。

不学操缦⁵，不能安弦⁶；不学博依⁷，不能安⁸诗；不学杂服⁹，不能安礼；不兴¹⁰其艺¹¹，不能乐学。

故君子之于学也，藏焉修焉¹²，息焉游焉¹³。夫然，故安其学而亲其师，乐其友而信其道，是以虽离师辅¹⁴而不反也。《兑命》曰："敬孙务时敏¹⁵，厥修乃来"¹⁶，其此之谓乎！

【注释】

1. 时教：指一日之内。
2. 正业：正课，指儒家的经典。

3. 退息：课外。

4. 居学：课外作业。

5. 操缦：调音练习。

6. 弦：弦乐琴瑟。

7. 博依：音律。

8. 安：落实、保证。

9. 杂服：指洒扫应对等杂事。

10. 不兴：重视、强调。

11. 其艺：指操缦、博依、杂服。

12. 藏焉修焉："藏"指掌握已经获得的知识；"修"指增长要获得的知识。

13. 息焉游焉："息"指两个学习阶段之间；"游"指融会贯通。

14. 辅：朋友。

15. 敬孙务时敏：敬，认真；孙，循序；时敏，及时努力。

16. 厥修乃来：厥，那个的。修，指所修学业。来，达到。"厥修乃来"意思是学习会得到成就的。

【释义】

大学的教学组织形式是：按时进行正课教学，课后从事课外作业。课外不练习好缦乐，课内就完成不了乐教的任务；课外不学习好声乐，课内就完成不了《诗》教的任务；课外不做好洒扫应对之事，课内就完成不了礼教的任务。就是说，不强调课外实际训练的重要性，就完成不了正课的教学任务。所以，有教养的人对于学习，务必做到：在掌握了已学的东西之后，进而修习未学的东西；在完成了一个阶段学习之后，进而把学习内容融会贯通，做到得心应手。这样才能巩固学习，亲近教师，交好朋友，恪守信念，将来即使离开了师友，也不会违背所学的道理。《兑命》篇中说："只要专心致志、循序、时时刻刻努力地求学，在学业上就能有所成就"，就是说的这个道理啊！

【导读】

这一章是继上面的"大学之道"、"大学之礼",讲"大学之教"、"大学之法"。提出了学校的教学组织形式,从"正业"必须伴以"居学","居学"是为了巩固"正业",这二者互为条件,做到教师与学生的配合,教与学的配合,课内课外的配合,更好地培养学生独立学习和思考的能力,符合教学过程的辩证法,是建立正常的教学秩序,提高质量的保证。

这里所论的修习之功,自学之道在于强调要守中务本,方能言及课外。若舍中务外,流于逐末舍本之举,且不能以志立学,以趣督学,以习固学,最终会导致学不致用。更至于毫无闲暇,心不得息,虑不得静,身疲则意惰,心厌则躁随,则慧由何生?又怎能论及安学而亲师,乐友而信道?是未有师辅而行矣难返也。文中所发现的"藏、修、息、游"的教育规律值得借鉴;文中"敬、逊、务、时、敏",五字联递,环环不断,是向上之基,是立业之梯,志存庄敬,胸怀谦逊,踏实务本,与时俱进,举一反三,如此资质,如此刻苦,如此坚持,终久必成,这就是学习成功的要诀。

8. 教之悖行

【原文】

今之教者,呻其占毕[1],多其讯言[2],及于数进[3],而不顾其安,使人不由其诚,教人不尽其才,其施之也悖[4],其求之也佛[5]。夫然,故隐[6]其学而疾[7]其师,苦其难而不知其益也,虽终其业,其去之必速,教之不刑[8],其此之由乎!

【注释】

1. 呻其占毕:呻,吟诵;占毕,泛指古代学校的课本;"呻"与"占毕"连文,有照本宣科、呆读死记的意思。

2. 多其讯言:指教师满堂灌。

3. 及于数进:及,急迫,急于求成;数:次数频繁;数进,赶进度。

4. 悖：违背。

5. 佛，拂逆。

6. 隐：厌恶。

7. 疾：怨恨。

8. 刑：成就、成效。

【释义】

现在的教师，老是照本宣科，令学生呆读死记，大量灌输，一味赶进度，而不顾学生的接受能力，不注意学生学习的自觉性，不能使学生的才能得到充分的发展。教学的方法违背了教学的原则，提出的要求不合学生的实际。这样，学生就会痛恶他的学业，并怨恨他的老师，苦于学业的艰难，而不懂得它的好处。虽然学习结业，但所学的东西必然忘得快，教学的目的也就达不到，其原因就在这里啊！

【导读】

这一章是在说教育、教学要做到恰如其分、节奏和谐才能取得成效、达到目的。在倾注了应用启发式教学的强烈要求中，批判了注入式的教学方法，呈现了其引起的严重后果：隐其学而疾其师，苦其难而不知其益也。所以教育与教学必须因人因材，因人则乐其情、顺其性，因材则必就其长、补其短。

《学记》中注意学生的个性差异，提出启发式教学，同欧洲人文主义教育家相比，大约要早一千七百年。

9. 教之所由兴

【原文】

大学之法，禁[1]于未发[2]之谓豫；当其可[3]之谓时；不陵节[4]而施之谓孙[5]，相观而善之谓摩[6]。此四者，教之所由兴也。

【注释】

1. 禁：防范。

2. 发：生活和道德方面的失足。

3. 当其可：适当时机。

4. 凌节：凌，超越；节，次序。

5. 孙：循序渐进。

6. 摩：切磋琢磨。

【释义】

大学教育的方法：在学生的不良行为没有发生时就注意预防叫作防范；在适当的时机进行教育叫作及时；不超越受教育者的才能和年龄特征而进行教育叫作合乎顺序；同学间互相取长补短叫作观摩。这四点，是教育取得成功的因素。

【导读】

这一章揭示了教师在教学、教育过程中的主导作用，如"豫"、"时"、"孙"都是教师的事，"摩"是在教师指导下的学生之间的相观而善。所言及的教之四法：豫、时、孙、摩是至理之言，精当无匹。凡事豫则立，不豫则废，而可贵之处在于能预知，能预知方能预禁；"时"为"恰到好处"，能握其时，方能成其功；"凌节而施"，形同"揠苗助长"，"欲速"之心，而结"不达"之果，过犹不及，甚至可能反利为害。掌握运用了这四法，教育就会成功，究其关键，在于经验，在于思考，尤在于把握。同时本章也强调了教师的主导是要在学生积极参与的过程中来完成的。

10. 教之所由废

【原文】

发然后禁，则扞格[1]而不胜；时过然后学，则勤苦而难成；杂施[2]而不孙，则坏³乱而不修;独学而无友,则孤陋而寡闻。燕朋⁴逆其师,燕辟⁴废其学。此六者,教之所由废也。

【注释】

1. 扞格:扞,抵制、抗拒;格,抵拒。
2. 杂施:杂乱无章。
3. 坏:音"怪"。
4. 燕朋、燕辟:都是指与损友的关系。

【释义】

到不良行为发生时再去禁止,就不容易矫正过来;错过了学习时机,事后补救,尽管勤苦努力,也较难成功;施教者杂乱无章而不注意循序渐进,教学就不容易收到效果;自己一个人冥思苦想,不与同学讨论,就会学识浅薄,见闻不广;与不正派的朋友来往,必然会违逆老师的教导;从事一些不正经的事,必然荒废学业。这六点,是导致教育失败的原因。

【导读】

这一章是承上而言,从反面揭示了教之所由兴和教之所由废。阐述"后知后觉"之于事无益,"过时而施"之事倍功半,"杂施不纯"之坏乱无功,"闭门造车"之出门不合辙的种种情况,都应当力求戒断。所以教师应当敏察锐觉,应时而施,多进行正面的有序的诱导;而学生则须静心澄虑,致志专心。

同时本章也强调了在教师教育下朋友之间的切磋琢磨,相互帮助,这也是我国古代教学的特点。在我国,儒家从孔子开始,一脉相承,都很重视朋友的作用,曾把朋友列为"五伦"之一,吧"慎交"和"择友"作为教育的重要原则,把朋友的辅助看成教育和教学过程的重要环节,所以教师有责任引导学生接近益友,也有责任使损友转化为益友。